Mythologie Nordique

Un voyage à la découverte des mythes nordiques

Tom Petre

Contenu

Chapitre 1

Les origines des Vikings

Comment tout a commencé...

Les Vikings sont une population d'Europe du Nord, aujourd'hui disparue, implantée dans les régions de Scandinavie, du Danemark. Puis par la suite, d'Islande et du Royaume-Uni. Ils occupent les premiers territoires, par la suite arrivent dans d'autres plus éloignés encore, entre les IXe et XIe siècles et se distinguent par leurs prouesses militaires et guerrières. Cette civilisation a un impact considérable sur l'histoire et la culture de toute l'Europe du Nord, jusqu'à leur christianisation.

À l'origine, les Vikings sont un peuple de pêcheurs, de paysans et de pirates. Apparemment, le mot Viking, ainsi que celui de víkingar, sont à rapprocher d'un mot " VIK", appartenant au vieux norrois, la langue de l'époque, dans toutes ces régions, qui signifie "baie". Un autre version nous indique que le mot Viking est étroitement lié, dans son étymologie, à la piraterie et la guerre.

Ce mot apparaît lors du siège de Lindisfarne, en 793, un monastère riche et sans défense, situé sur une île au large des côtes anglaises. Les moines vivant là, ont commencé à désigner les raids et les pillages de ces soldats habiles, mais aussi assez primitifs, par un terme qui décrit leur mode de conquête, basé sur les attaques surprises, les pillages et les incendies. Les Vikings commencent leurs attaques de cette façon et maintiennent ces tactiques durant les trois cents années de conquête qui ont suivi l'attaque initiale de cette île.

Les Vikings forment un peuple habitué à voyager en marchant. Au fil des ans, ce peuple développe une véritable expertise en matière de navigation. Ainsi, les guerriers attaquent les côtes moins septentrionales ainsi que les autres navires. Ces voyageurs sont des colonisateurs infatigables, qui occupent, un peu plus à chaque fois, des portions de territoires d'Europe du Nord.

Leurs incursions durent deux cents ans, jusqu'en 1066, lorsque le roi de Norvège, Harald III Sigurdsson, est vaincu au cours de la bataille de Stamford Bridge. Cette bataille marque la fin "officielle" de l'ère Viking.

Durant leur période d'existence, les Vikings ont créé un système social, religieux et politique solide, défendant leurs frontières territoriales et leur culture farouchement.

Ce peuple est si célèbre et si emblématique de la culture populaire d'aujourd'hui ! Pour preuve, de nombreux romans, des films, des jeux, des bandes dessinées, des séries télévisées et bien d'autres contenus sont influencés par les Vikings.

Nous les imaginons aujourd'hui encore, comme étant une population composée principalement d'hommes, blonds, à la carrure imposante, tout en puissance et portant de grands casques garnis de cornes. Cependant, les Vikings sont un peu différents de l'image que nous pouvons en avoir. Découvrons leur vraie histoire, leur mode de vie, afin de comprendre l'environnement culturel et social, en ces lieux et en cette époque.

Le territoire, la langue, la culture et la vie des Vikings.

La société viking est divisée en un système de castes et possède sa propre culture, toutefois grandement influencée par les peuples germaniques. Les Vikings sont païens et polythéistes. Ils croient aux dieux des territoires germaniques, admirés des peuples barbares et des anciens, incluant tout un passé culturel à partir du VIe siècle avant notre ère.

La société est donc divisée en trois castes...

Les Karls sont des hommes libres et des propriétaires terriens.

Les Jarls sont de riches nobles chargés de veiller au bien-être de leurs sujets, en tant qu'intendants de leurs territoires.

Les Thralls, les esclaves.

Une caractéristique particulière de la société viking est le rôle des femmes, qui sont beaucoup plus indépendantes et émancipées que dans les autres peuples, dans le monde, à la même époque. Elles sont administratrices de territoires, ont le droit de divorcer et même de se battre. Certaines d'entre elles participaient aux combats, participant par leurs actes, à la formation de légendes de " femmes guerrières".

Lorsque les hommes sont partis en mer, partis pêcher, commercer, ou en raids, ce sont les femmes qui prennent la responsabilité des terres et des affaires en l'absence "des hommes". Elles s'occupent de l'éducation des plus jeunes et de la vie du ménage lorsque les époux, frères, pères ou fils sont présents au village.

Le mariage a lieu très tôt, indépendamment de la caste. Les Vikings se marient dès l'âge de douze ans. Les mariages sont généralement arrangés par les familles, la famille du marié versant la dot à la famille de la mariée en guise de remerciement pour avoir accordé leur fille. L'espérance de vie est de cinquante ans environ. Évidemment, le fait que les Vikings sont souvent impliqués dans des guerres signifie que certains mouraient beaucoup plus tôt.

Les Vikings ont leur société et leur mode de transmission des biens, fondés sur la primogéniture. Le premier enfant mâle hérite de tout, tandis que les autres ne reçoivent rien et sont fréquemment obligés de migrer pour gagner leur vie.

Les petits Vikings ne vont pas à l'école, mais apprennent les métiers et les techniques de guerre auprès des adultes. Les filles aident leur maman dans les tâches courantes de la maison, dès leur plus jeune âge, apprenant à laver les vêtements, à cuisiner, à tisser, à s'occuper du bétail.

Les attaques surprises appelées raids sont menées par les hommes, alors que les épouses et les enfants ne se déplacent que pour fonder d'autres villages ou partir vers de nouvelles colonies plus tard.

Les différentes castes, notamment les plus puissantes, sont divisées en clans. Ces familles sont composées de plusieurs membres, certains jeunes et aventureux, d'autres sont des meneurs, plus âgés et donc plus expérimentés, ainsi que de domestiques.

Tous les Vikings sont compétents en agriculture, en pêche et en navigation. Lorsqu'ils ne sont pas en mer, ils cultivent la terre. Ils sont également des artisans fort habiles, forgeant des armes avec une telle d'expertise au point que les historiens indiquent un incroyable niveau de travail des métaux chez ces peuples.

Une constante est à remarquer dans cette société Viking. Nous pouvons dire que cette société propose deux sortes de vie. Une vie en mer et une autre sur terre. Il est vrai que la population subvient à ses besoins en cultivant la terre, en élevant des animaux, en forgeant des armes, chassant et pêchant.

Mais il est tout aussi réel que la piraterie semble, à leurs yeux, bien plus... rentable ! Au cours de leurs raids, les Vikings se révèlent former une civilisation curieuse et exploratrice, des caractéristiques qui les amènent donc à conquérir un vaste territoire en Europe du Nord.

Toutefois, il semble qu'aucun Viking ne soit un pirate "à plein temps". En effet, le temps passé en mer et sur terre est rythmé par les saisons. Les pirates reviennent à terre à des moments de la vie agricole, les plantations et les récoltes. Mais également l'hiver, où, dans ces contrées, les jours sont bien courts. Tandis que le reste de l'année, printemps et été, est consacré aux raids et aux incursions en terres étrangères.

Guerres, batailles, conquêtes et campagnes militaires.

Selon les historiens, les raids vikings ont commencé en 793 après notre ère, avec le raid vers l'île de Lindisfarne, nommée aujourd'hui Holt Island, ou Holy Island, au cours duquel un raid Vikings a pillé cette île au large de l'Angleterre, entre Edimbourg et Newcastle. Les territoires vikings sont principalement situés près de leurs côtes. Les forêts denses les y obligent un peu. Leurs méthodes de conquête sont basées sur l'invasion et le pillage. Ils incendient des bâtiments, volent des marchandises, envahissent des régions et ces raids sont désignés par le mot víkingr, dont nous avons déjà parlé. Les Vikings attaquent des villages situés le long des côtes de l'Écosse, de l'Angleterre, de l'Irlande, de la France, de la Méditerranée et du nord de l'Afrique, de l'Italie et même de la Russie intérieure.

Nous ne savons pas exactement pourquoi ces fermiers, pêcheurs et artisans du nord de l'Europe ont commencé à faire des raids sur tout territoire non protégé de la côte européenne. Toutefois, il se dégage deux hypothèses.

La première est que, dans une famille, le fils quitte le foyer pour faire fortune ou bien conquérir d'autres territoires, ainsi une forme de "batailles" fait partie de leurs coutumes.

La seconde est que les Vikings commerçaient avec d'autres peuples, mais il a été décidé que pour commercer, il fallait être chrétien, pour pouvoir acheter et vendre. Peut-être les Vikings ont-ils vu leurs débouchés totalement anéantis ?

Nous pouvons également supposer que les seules ressources qu'ils possèdent, pêche, agriculture, artisanat, bétail, ne leur suffit pas et qu'ils mettent en œuvre leurs compétences guerrières pour acquérir pouvoir et richesse. Ainsi, ces peuples ressentent le besoin de se déplacer parce que les terres agricoles ne sont pas assez fertiles pour nourrir une population toujours plus nombreuse. Enfin, certaines théories suggèrent que les invasions sont simplement motivées par l'esprit d'aventure des Vikings et leur désir d'étendre leur réseau commercial.

Ce qui semble clair, c'est que les invasions des Vikings apportent des richesses à toute la Scandinavie et que ces guerriers sont difficiles à vaincre.

Un autre domaine dans lequel les Vikings excellent sont leurs navires incroyablement rapides et bien armés. Ces vaisseaux sont

faciles à manœuvrer, légers, agiles et permettent donc de débarquer rapidement sur la côte, par surprise, de voler des marchandises et de repartir aussi vite qu'ils sont arrivés. Selon les spécialistes, les navires des Vikings sont pratiquement invisibles depuis le continent, ce qui leur permet de surprendre les habitants des côtes, de les piller, sans être attaqués en retour, profitant de l'effet de surprise obtenu par leur présence discrète sur l'eau, avant l'attaque.

Ils sont si polyvalents qu'il est possible de les faire naviguer sur des rivières, traverser les mers et même les océans les plus rudes. C'est ainsi que les Vikings ont réussi à atteindre l'Amérique du Nord, autour de l'an 1000. La particularité de ces navires est aussi leur longueur, offrant une capacité allant jusqu'à deux cents rameurs, manœuvrant une structure légère, mais très robuste. Leur forme particulière et leurs capacités hydrodynamiques les rendent capables de résister à une mer agitée.

Le territoire occupé par les peuples Nordiques, à cette époque, est très étendu, englobant l'actuelle Norvège, la Suède et le Danemark. À la suite des expansions et de leurs voyages, comme nous l'avons vu précédemment, ils s'aventurent même jusqu'en Russie et dans les pays baltes.

À la fin du VIIIe siècle, les Vikings s'installent sur les côtes d'Angleterre. Cependant, tous les territoires de cette grande île ne sont pas occupés par les Vikings, certains restent entre les mains de Danois. Les colons affluent ensuite dans cette Islande qui semble leur plaire, vers l'an 900, après que l'île soit redécouverte par des Norvégiens. Ingolfur Arnarson s'y installe en 874. Selon les écrits contenus dans le recueil de la colonisation, nommé le Landnámabók, il y est le premier habitant permanent.

Les Vikings ne s'arrêtent pas là, atteignant l'Amérique du Nord depuis le Groenland, bien avant Christophe Colomb. Les historiens en sont désormais certains, non seulement grâce aux découvertes faites sur les côtes de ces régions, notamment près de l'estuaire du fleuve Saint Laurent, mais aussi grâce aux récits que nous trouvons dans les ouvrages qui portent les titres de "Greenlandic Saga", la

Saga Grænlendinga saga, et Eiríks saga rauða, pouvant se traduire par le "Saga d'Erik le Rouge".

Selon la saga Grænlendinga évoquée ci-dessus, le premier Européen à apercevoir le continent nord-américain est Bjarni Herjólfsson, dont le navire, naviguant avec un cap sur le Groenland, poussé vers l'ouest, en trouve sa route déviée. Nous sommes dans les années 985 - 986. Il s'agit donc d'une découverte involontaire, mais qui fait bel et bien traverser l'Océan Atlantique par ces Européens du Nord.

Revenons à l'Irlande, dont la conquête a lieu peu avant l'an 800. Conquêtes particulièrement sanglantes, car les Irlandais ne sont pas décidés à se laisser faire. Les réactions sont énergiques. Ainsi, au nord-ouest de Dublin, l'île Lambay, en 795, voit débarquer avec frayeur un raid Viking dont tout le monde se souvient dans l'histoire de l'Irlande.

Les invasions de l'empire carolingien semblent moins glorieuses pour les Vikings, car les batailles leur sont souvent fatales. Charles le Chauve met en place une politique de défense, au moyen de constructions fortifiées. La seule véritable preuve de réussite de cette population nordique est sa présence en Normandie, une implantation viking permanente dans ce qui est l'ancien empire de Charlemagne. Les Vikings y pénètrent en y remontant la Seine en 841 !

Les dernières incursions vikings ont eu lieu au XIe siècle, lorsque ce peuple commence à s'étendre vers l'est. Il existe des preuves de la présence de Vikings, même en Turquie, une terre sur laquelle ces guerriers sont devenus principalement des mercenaires.

Après cette période, le pouvoir des chefs vikings s'est progressivement estompé, écrasé par la force des nouveaux commandants danois qui ont totalement surpassé le pouvoir nordique, et par la diffusion du christianisme, qui est venu remplacer progressivement leur culture païenne.

La conversion des Vikings païens, contrairement à d'autres peuples, s'est déroulée en grande partie sans violence, enfin... Presque sans violence. Cependant, il est important de noter ici que Charlemagne peut avoir quelques méthodes expéditives si les peuples qu'ils croisent ne sont pas de son avis.

Rappelons ici que de nombreux chrétiens avaient cessé de traiter avec les païens, suivant les règles édictées par leur religion, ce dont nous avons parlé précédemment. Pour les Vikings ceci se concrétise par une faiblesse commerciale croissante, avec de moins en moins de clients et d'argent, ce qui explique en partie la "diffusion", par propagation, et par acceptation par les Vikings, de cette nouvelle religion.

Vikings célèbres

L'histoire des Vikings est parsemée de personnalités soit influentes, soit redoutables. Ce sont pour la plupart des guerriers, des chefs ainsi que des héros qui n'ont pas peur de grand-chose, même pas du sang. Faisons connaissance avec certains d'entre eux.

Harald Hardrada

Harald Hardrada est le demi-frère du très célèbre Olaf et livre de multiples batailles, qui lui font acquérir la réputation d'un monarque impitoyable et sévère. Il est considéré comme le dernier "vrai" roi viking, car après son décès, aucun autre souverain n'a plus fait progresser la civilisation viking dans ses avancées vers l'Europe.

Après une série d'aventures dans les régions les plus septentrionales, il acquiert toutes ses compétences militaires. Harald est contraint de s'exiler, il part à Constantinople et devient membre de la garde varangienne, l'armée de combattants norvégiens chargée de protéger les Byzantins, et se distingue par sa férocité au combat.

Grâce à sa force et à son ambition ainsi que son alliance avec Sven Estridsen, roi danois, il parvient en 1046, à convaincre le fils d'Olaf,

Magnus le Bon, récemment couronné roi de Norvège, de co- gouverner avec lui. Lorsque Magnus meurt en 1047, Harald devient le nouveau roi de Norvège et gouverne seul. Harald ne change rien à sa réputation ni à ses habitudes. Il reste très rigide et violent envers ses opposants et sa férocité se manifeste également dans sa politique étrangère. Il entame une campagne militaire vers l'Angleterre en 1066. Celle-ci semble porter ses fruits, au moins au début. Mais, rapidement, les choses prennent une autre tournure lors de la bataille de Stamford Bridge. Harald y trouve la mort. Selon la légende, sa force et sa confiance en lui l'ont amené à se battre sans son armure.

Erik le Rouge

Erik le Rouge, dont le nom complet est Erik Thorvaldsson, est un habile commandant né en Norvège. Il est connu pour ses cheveux roux, ce qui implique son surnom et sa barbe épaisse. Cependant, il est possible de penser que son épithète provient par ailleurs des carnages qu'il déclenche, notamment sur les côtes du Groenland.

Il naît dans une famille de brigands et, contraint de quitter sa patrie parce que son père était considéré

comme un terrible meurtrier, Erik part en exil tempo-
raire. Tout d'abord en raison des crimes de son père,
puis en raison de deux crimes qu'il a commis lui-même.
Ne pouvant plus vivre en Scandinavie, il s'est réfugié au
Groenland où il a commencé à explorer les côtes de
manière indépendante. Il a créé une armée d'Islandais
et de Norvégiens, forts, farouches et audacieux, prêts
à conquérir les mers d'Europe du Nord. Tous ont laissé
des traces sur toutes les îles et péninsules de la région.
Il a fondé de nombreuses colonies au Groenland et a
conduit une armée composée, parfois, de près de cinq
cents personnes sur toutes les mers d'Europe du Nord.

Erik est mort lors d'une épidémie, mais son nom reste
connu à la postérité, grâce à son fils, Leif Erikson, qui lui,
navigue plutôt vers l'ouest, organisant des campagnes
le portant vers d'autres côtes plus lointaines. Lui et ses
compagnons sont les premiers Européens à atteindre
l'Amérique du Nord. Erik a une fille, Freydís Eiríksdóttir,

qui se distingue, elle aussi, comme étant un personnage
important de la civilisation viking.

Elle participe à toutes les expéditions de son père
et grandit principalement dans un environnement de
force, de puissance, de combat, parfois de violence. Il

n'est donc pas surprenant qu'elle poursuive les raids de son père puis progresse en Amérique du Nord.

Selon la légende, elle a combattu les Amérindiens pendant son huitième mois de grossesse !

Ívarr Ragnarsson

Un autre personnage incontournable de l'histoire des Vikings est Ivar le Désossé ou Ívarr Ragnarsson. Il naît vers le milieu du IXe siècle, sa date de naissance est incertaine, voir inconnue, et il se retrouve vite, jeune adulte, chef de clan. Son surnom, si particulier, provient d'un état médical apparent qui rend ses os fragiles et prompts à se briser. Nous ne connaissons pas exactement la part de vérité, mais il semble très étrange qu'une personne atteinte d'une telle maladie puisse sortir vivante de nombreuses batailles. Pourtant, c'est son cas. Voyons plus en détails...Il est raconté que Ivarr quitte la Suède, avec ses frères, pour des raids en direction de la côte baltique, du côté de l'Allemagne actuelle. De multiples œuvres le représentent sur un bouclier, ou parfois même sur une civière, pointant son arc vers ses ennemis, ce qui suggère qu'il souffre effectivement d'un trouble invalidant. Beaucoup le prennent pour un berserker, lui donnant même le titre de "Roi Berserker".

Une parenthèse ici, en quelques mots, pour donner la signification de ce qu'est un berserker. Il s'agit d'un guerrier, mi-homme, mi- animal, qui peut, pour combattre, se mettre en état de transe appelée "fureur sacrée" qui le rend capable d'exploits extraordinaires. Son aspect animal vient du fait qu'un berserker ne porte pas d'armure, mais simplement une large peau d'animal, incluant la tête, généralement d'ours ou de loup, qui en plus de la force du combattant, lui donne un aspect terrifiant.

Ívarr Ragnarsson meurt en 873, à Dublin en Irlande.

Eric "Bloodaxe" I Haraldsson

Eh oui, nous ne pouvons manquer de mentionner l'un des Vikings les plus célèbres de l'histoire, Eric "Bloodaxe" I Haraldsson, tristement connu pour sa cruauté. Il est dit qu'il reçoit en cadeau sa première flottille de cinq bateaux, de la part de son père, ce qui fait que très vite, il part en "raids".

C'est que... Eric n'est pas le fils de n'importe qui ! Il est le fils et le préféré de Harald Finehair, le premier roi de Norvège. Le petit Eric suit son père et ses frères dans presque toutes leurs expéditions militaires, y compris

durant son enfance, avant même qu'il conduise ses propres bateaux.

À la mort de Harald Finehair, Eric est fait roi de Norvège,
à partir de l'an 930, pendant seulement quatre ans, au
cours desquels il se montre impitoyable, tyrannique,
envers ses adversaires et même certains membres de
sa propre famille, qu'il n'hésite pas à assassiner. Plutôt
impopulaire, il laisse sa place à Haakon, que la population a largement soutenu.

Chapitre 2

Cosmogonie, la création du monde selon les Vikings

Toutes les cultures et récits historiques ou religieux du monde possèdent un ensemble de récits nous expliquant la création de l'univers. Toute théorie donnant les détails de la formation de l'univers et des astres forme ce que nous appelons la cosmogonie. Cette théorie, quelle que soit son origine, inclut généralement des phénomènes naturels desquels sont issus les dieux, des éléments de la nature et leur création, et l'arrivée, ou la création des êtres humains.

Du chaos aux deux mondes

Tout comme dans tant d'autres récits de différentes mythologies, le monde est né d'une situation de total chaos, d'obscurité et de vide. Selon la mythologie viking qui nous intéresse aujourd'hui, tout a commencé à partir d'un vide total et sombre, un gouffre appelé Ginnungagap. C'est de ce vide que sont nés les mondes de Niflheim et de Muspelheim.

Niflheim est le monde du nord, sombre et froid, ne comportant que de la glace, du givre et du brouillard.

Muspelheim est le monde du sud, fait de feu, de flammes, de lave et de fumée.

Dans le gouffre Ginnungagap, si profond que personne n'en connaît la fin, il y a, dit-on, une source, Hvergelmir, d'où proviennent toutes les rivières, au nombre de onze, appelées collectivement Élivágar, ce qui se traduit par " vagues de glace". Ces cours d'eau se déversent dans le Ginnungagap, et bien sûr, y gèlent.

La naissance des géants

Le seul être vivant à exister dans ce chaos total, est le gardien de Muspellheim, au sud, se présente sous la forme d'un géant de feu,

répondant au nom de Surt.

Il se trouve que Surt s'ennuie, et pour s'amuser, il envoie des flammes dans le Ginnungagap, pour voir ce qui s'y passe et ce que cela peut déclencher.

Au centre de ce monde chaotique et sombre, les flammes de Surt, et des vents brûlants, rencontrent inévitablement les zones glacées de Niflheim. Le feu fait fondre la glace, tout le monde a appris cela à l'école, et du fond du gouffre, monte de la vapeur depuis la glace fondue. Cependant, la vapeur se condense, forme des gouttes puis retombe geler au fond de l'abîme. Ce sont ses gouttes qui, en retombant, donnent naissance au père de tous les géants de glace, le géant Ymir. En sa compagnie, grâce à d'autres gouttes, une vache géante nommée Audhumla, voit le jour.

Ymir est un Jötunn, un nom que nous retrouvons souvent dans cette mythologie, car il désigne les géants, des créatures humanoïdes personnifiant les forces de la nature.

Audhumla, avec son pis et ses quatre trayons, nourrit Ymir, qui, repu, s'endort. Comme il fait chaud, Ymir transpire et des gouttelettes sur son corps sont nés d'autres géants comme lui. Thrudgelmir est né, ainsi que deux autres enfants, dont les noms ne sont pas connus.

Audhumla, de son côté en léchant sans cesse du sel, fait apparaître un autre être vivant, Buri, qui enfanta Bor.

Bor eut trois enfants avec Bestla, la fille d'un autre géant.

Revenons à Thrudgelmir, ce qui signifie "puissant hurleur" en vieux norrois, la langue des Vikings. Il est donc un élément d'une fratrie de trois, qui ont été les premiers à être les allégories du froid, du gel et des épreuves. Ils sont tous un Jötunn, un géant, comme nous l'avons vu précédemment, le mot de Jötnar est utilisé lorsqu'il s'agit de parler d'eux au pluriel.

Les géants, les Jötnar, que nous découvrons ici sont attachés à une matière, par exemple le gel, ou bien le feu, ou bien à une nature violente et destructrice.

Plus que des géants, ces personnages représentent les forces du chaos primitif et de la nature sauvage et destructrice. Ils indiquent l'état primitif du monde, celui qui est encore irrationnel, sans vie, sans nature et sans culture. Ces géants ont fréquemment une apparence hideuse, avec des griffes, des crocs, une peau noire ou bien encore des traits déformés. Certains d'entre eux possèdent même plusieurs têtes fixées en

haut d'une forme non humaine. Ces géants sont bru-
taux et sont habituellement considérés comme étant
dépourvus d'intelligence.

En revanche, les géants descendant de Buri, voyant le
jour du fait que Audhumla avait léché du sel, comme
découvert dans un paragraphe précédent, sont tous
beaux, sages et doués. Mais nous aurons l'occasion d'y
revenir. Il faut pour l'instant se souvenir du nom de Buri,
sous son aspect généalogique.

Terminons sur les géants, voulez-vous...

Dans les sagas viking, les géants sont les éternels ennemis des dieux, mais ce n'est pas le cas pour tous.

Ces géants sont surtout des êtres surnaturels, ayant
les mêmes ancêtres que les dieux eux-mêmes. Dans
certaines versions de mythes et légendes, ils sont des
entités dépourvues d'intelligence, présentant une personnalité sauvage, voire dangereuse. Dans d'autres,
au contraire, ils font preuve de nombreuses capacités,
comme celle, étonnante, de pouvoir prédire l'avenir.
D'autres ont la particularité de pouvoir changer de
forme.

Mais au fait... Même la vache Audhumla, est géante ! Ce ruminant peut être perçu comme donnant une structure au néant cosmique. Et... c'est uniquement grâce à des géants que le monde entier a été créé.

Ainsi, nous pouvons dire que la nature des géants dans la mythologie viking est très particulière. En effet, bien qu'opposés aux

dieux, mais partageant une ascendance commune, ils montrent aussi le côté destructeur des dieux, à côté des bienfaits dont ils se révèlent capables. Cela signifie que les géants et les dieux ont créé une forme d'équilibre entre destruction et reconstruction.

De multiples personnages de la mythologie ne sont ni des géants ni des dieux, ou peut-être les deux : Loki est souvent considéré comme le dieu géant viking, car il avait tendance à ravager les terres régulièrement. Loki était le fils de géants et n'est qualifié de dieu que de manière ambiguë dans les récits primitifs. Aucun de ses enfants n'était un dieu, mais tous étaient des géants ou des créatures surnaturelles.

Revenons un instant sur leur apparence. Certains Jötnar sont très grands, comme Ymir, mais au fil des générations, ils prennent des dimensions et des traits de plus en plus humains. Il existe également des récits, qui apparaissent plus avant dans cette mythologie, selon lesquels certains dieux, géants, épousent des êtres humains. La famille de héros humains, les Volsungs, compte une femme Jötun dans sa généalogie.

Les géants connus de la mythologie nordique

Bien qu'ils incarnent un chaos parfois hostile aux dieux, pour les Vikings, les géants jouent par ailleurs un rôle fondamental dans le système du monde et des créatures, car c'est grâce à eux que la nature existe et qu'il peut y avoir une construction à partir du chaos.

Certains de ces géants sont "incontournables" tant ils sont devenus célèbres.

Aegir

Aegir est une forme de dieu des mers et des océans avec son épouse, la déesse de la mer Ran. Aegir est célèbre pour ses somptueux festins dans son palais sous-marin, en présence de nombreux dieux, sa relation semblant pacifique avec ces derniers.

Hrungnir

Hrungnir est un dieu du gel dont le cœur et la tête sont faits de pierre. Il est lié d'amitié avec Odin, bien qu'une légende raconte qu'après avoir trop bu, Hrungnir a attaqué le grand dieu et a donc dû défier Thor, fils d'Odin, en duel dans un lieu neutre entre Asgard et Jötunheim. Thor, avec son marteau invincible, l'a vaincu et a détruit le crâne du géant. Bien que victorieux, Thor a été blessé à la tête et il n'a jamais pu retirer le morceau de pierre de son crâne.

Geirrod

Geirrod est celui qui kidnappe Loki, qui survole la terre des géants. Geirrod réussit à l'attirer à lui, clamant qu'il veut Thor, mais sans son marteau surpuissant. Loki est alors contraint d'élaborer un stratagème pour son frère. Mais Thor est équipé d'une arme magique, d'une ceinture de force et des gantelets de puissance, et Geirrod est vaincu.

Thrym

Thrym est celui qui réussit à voler le marteau de Thor. Thrym a refusé de rendre le marteau magique, à moins que la déesse Freyja n'accepte de devenir son épouse. Thor a donc conçu un plan pour reprendre possession de son arme invincible. Il s'est déguisé en Freyja, tandis que Loki l'accompagnait habillé en demoiselle d'honneur. Le mariage a bien lieu, mais Thrym soupçonne immédiatement que celle qui se trouve avec lui, lors du repas nuptial, n'est pas la belle Freyja, mais un imposteur. En effet, la mariée a mangé, à elle seule, un bœuf entier, huit saumons et bu trois barils d'hydromel. Malgré la persuasion de Loki, le géant a tout compris du stratagème. Thor réussit à récupérer son marteau et tue tous les Jötnar présents dans le palais de Thrym.

Skadi

Skadi est la déesse nordique des montagnes et de la neige, fille du géant Thiassi, tué à Asgard par les dieux Ases. Assoiffée de

vengeance, Skadi se rend à Asgard pour obtenir vengeance. Cependant, des dieux réussissent à la convaincre de renoncer, mais elle donne deux conditions. L'un d'eux doit la faire rire, elle doit choisir son futur époux en ne voyant que les pieds des personnes présentes.

Gerd est une belle géante qui a volé le cœur de Freyr. Le dieu nordique la couvre de somptueux cadeaux, mais elle refuse pourtant toute l'attention qu'il lui porte. Afin de pouvoir l'épouser, il la transforme en une créature monstrueuse et indésirable.

Jarnsaxa

Jarnsaxa est une géante, maîtresse de Thor, avec lequel elle a eu deux fils à moitié Jötunn, Magni et Modi. Il n'y a pas beaucoup de preuves de la présence de cette géante dans les légendes, mais il est important de la mentionner, car ses enfants faisaient partie des rares survivants du Ragnarök, avec la tâche de reconstruire un nouveau monde sur les restes de l'ancien.

Audhumla

Nous avons déjà fait sa connaissance. Il y a, dans presque toutes les mythologies, la présence d'un animal sacré. Son existence, dans l'iconographie de la conscience collective de peuples préhistoriques d'Europe du Nord, apparaît dans un monde en devenir. Avec l'émergence des premiers mythes et des premières légendes, elle vit dans le Ginnungagap. La pauvre ! L'endroit est si froid et hostile qu'Audhumla est affamée, incapable de trouver ne serait-ce qu'un petit coin d'herbe pour se nourrir. Il n'y a ni arbre, ni plante, car le gouffre ne contient que neige et glace. Audhumla commence à lécher les roches salées du givre. Des cheveux humains ont alors poussé sur ces roches. Au fur et à mesure que l'animal tente de se nourrir, les parties du corps d'une personne apparaissent progressivement ! Puis des cheveux ! Et encore des membres... Buri voit ainsi le jour.

Buri

Buri est un géant, le premier parmi les dieux. Buri est très important dans cette mythologie, car c'est de lui que descendent directement des dieux et des Ases. De son fils appelé Bor, uni à Bestla sont nés trois enfants. Bienvenue dans ce monde qui reste à créer à Odin, Vili et Ve. Il nous est ici nécessaire de remonter un petit peu en arrière, afin de retrouver Ymir, alors qu'il était encore nourri par Audhumla, pour aborder la genèse de l'élaboration du monde. La création du monde des hommes

Ymir

Ymir, le géant, se nourrit aux rivières de lait, aux quatre trayons de Audhumla, dont le nom, traduit en notre langage, signifie tout simplement "vache riche en lait".

Ymir est devenu de plus en plus fort et encore plus de géant ont peuplé ce monde en formation. Deux groupes principaux de créatures sont à distinguer.

Les descendants de Ymir, très nombreux et les descendants de Buri.

Comme parfois nous pouvons le voir, dans les familles, ou entre voisins, ces groupes ont commencé à se détester, surtout les "séniors", les géants, en raison de leur grand nombre. Il était grand temps de mettre fin à cette génération incontrôlée de monstres.

La décision est prise. Le seul moyen de faire changer les choses est de tuer Ymir. Ce sont donc Odin, Vili et Ve, qui se chargent de l'opération. Ensemble, ils mettent au point une stratégie. Ils attendent que Ymir s'endorme, pour attaquer et mettre fin à ses jours. Ymir a une puissance exceptionnelle et une force inégalée, grâce au lait de la vache sacrée, cependant il ne peut faire face au petit groupe. Ymir ne résiste pas et meurt. C'est à partir des éléments de son corps que tous les éléments de la nature peuvent pousser ! Le sang se transforme en un océan d'où s'écoulent des rivières et des lacs se forment, la chair devient de la terre, les os modèlent les montagnes, les dents deviennent des rochers puis les cheveux sont métamorphosés en herbe.

Les trois frères, Odin, Vili ainsi que Ve, laissant la dépouille de Ymir au centre de Ginnungagap, jettent son cerveau dans les airs dans lesquels il devient des nuages. Son crâne devient le ciel, mieux dit, la voûte céleste, faisant office de couvercle sur le monde. Les trois frères, Odin, Vili et Ve, prennent des étincelles dans la terre de feu et les lancent dans le ciel. Puis toutes les étincelles deviennent... les étoiles !

Asgard, le monde des dieux, est ensuite fondé. Alors que les dieux ont accès à cette région, la race des géants se reforme dans un lieu appelé le Jötunheim.

Le monde se trouve ainsi divisé en différents mondes.

Nous avons Midgard, la Terre du Milieu. Asgard, comme nous l'avons vu, est le monde des dieux. Quant à Utgard, c'est le monde des géants.

Là, exilés et effrayés, les géants préparent leur vengeance à l'égard de ceux qui ont tué des civilisations entières de ces créatures. Les géants veulent donc conquérir Asgard et Midgard. Ils s'uniront pour former leurs bataillons. Nous aurons l'occasion de revenir sur cet événement, le Ragnarök. Dès lors, ils ont commencé à faire des raids dans le monde des dieux et des humains, pour reprendre les terres qui leur appartenaient autrefois.

D'autres parties du corps de ce Ymir ont servi à créer d'autres êtres vivants. Des nains sont aussi nés de cette façon. Un nain, selon la mythologie scandinave, est une créature invisible, et il semble qu'à l'origine, ces êtres n'ont pas spécialement une petite taille. Ils sont simplement d'apparence noire et vivent sous terre, dans un monde appelé Svartalfheim.

Quelques nains sont générés à partir des vers issus de la décomposition de Ymir. La mission de quatre nains en particulier, est de soutenir les cieux, pour ainsi répondre aux ordres donnés par Odin, Vili et Ve. Ces quatre nains portent des noms qui vont sûrement évoquer quelque chose...

Le nord "Nordi", l'ouest "Vestri", le sud "Sundri" et l'est "Austri".

Pour poursuivre ici, les trois frères, Odin, Vili et Ve, créent ensuite le monde des hommes. Ce lieu, une fois créé, est immédiatement séparé du territoire des géants par un immense mur, les sourcils d'Ymir, si épais, ont permis de le construire sans problème. De cet acte est apparu l'Empire du Milieu, Midgard.

Ensuite, Bor ainsi que ses fils, Odin, Vili et Ve, ont pris la décision de créer des humains en utilisant des arbres échoués sur une plage. Ils sculptent les morceaux de bois de deux formes différentes, un homme et une femme.

C'est Odin qui se charge de leur insuffler la vie.

L'homme est appelé Askr, " frêne ", et la femme Embla, " orme ou vigne ", et tous deux sont placés dans Midgard. Ces deux premiers êtres humains sont à l'origine de tous les autres êtres humains.

Le monde des hommes

Comme nous l'avons précisé, les seuls témoignages qui nous restent de cette époque des Vikings sont des écrits postérieurs à l'époque même, et que, de surcroît, il existe des recueils et des livres qui évoquent les mêmes événements, mais de plusieurs façons différentes...

Voici l'histoire de la création de la lune et du soleil. Dans le monde des hommes, vit Mundilfari, dont le nom veut dire "celui qui se déplace selon les temps particuliers". Cet homme a deux beaux enfants, un garçon et une fille. Il les nomme Mani "Lune" et Sol "Soleil". L'idée d'utiliser ces prénoms lui vient alors qu'il remarque la beauté des deux bébés et leur incroyable luminosité.

Mais... Les dieux sont furieux de cette extravagance. Ils sont en colère parce que Mundilfari utilise les noms de deux de leurs créations pour désigner des mortels. Pour les punir, les dieux ont emmené les enfants dans le ciel. Sol est chargé de conduire le char portant le soleil, tandis que Mani dirige le char portant la lune. Leur

mission est de faire passer les jours et les nuits, en maintenant constamment l'alternance des cycles du soleil et de la lune.

Sol chevauche un char tiré par deux chevaux, l'un nommé Árvakr, " lève-tôt ", et l'autre Alsviðr " très rapide ". Ce dernier est parfois nommé Alsvninnr. Comme Sol doit transporter le soleil brûlant, se trouve sous le char un bouclier appelé Svalin, qui protège la terre des flammes.

Mani possède le cheval nommé Aldsvider, qui l'aide dans sa tâche de transport de la lune.

Cependant, le mouvement du jour et de la nuit est motivé par une autre punition. Les chariots sont poursuivis en permanence par des loups. Le chariot conduit par Sol est chassé par le loup Skoll, le "traître", tandis que Mani est traqué par le loup "Hati", la "haine" ou "l'ennemi".

Selon une des légendes qui est consacrée à ce satellite, Hati est arrivé à arracher un morceau de la lune, mais le seul satellite naturel de la terre a réussi à se régénérer. C'est une interprétation poétique de la vision des croissants de lune, ne trouvez-vous pas ?

Jour et nuit

Une autre légende liée à la succession du jour et de la nuit concerne un géant nommé Nörvi qui a une fille appelée Nótt "Nuit". Elle est à la fois mystérieuse, sombre et très belle.

Celle-ci présente une peau très blanche, ses cheveux sont noirs et les yeux sombres lui donnant un regard profond. Nótt engendre un fils, qu'elle nomme Dagr, qui signifie "le jour". Nótt et Dagr se déplacent tous deux dans des chars tirés par des chevaux, un peu comme Mani "Lune" et Sol "Soleil". Nótt est transportée par son cheval Hrimfaxi, littéralement "crinière de givre". Hrimfaxi couvre, avec l'écume qui s'égoutte de son mors, la terre entière de rosée.

Dagr, contrairement à sa mère, possède un teint blanc et lumineux et de beaux cheveux dorés. Il suit toujours Nótt, bien sûr, dans son

chariot tiré par le cheval Skinfaxi, ce qui signifie "crinière brillante".

Les Trolls

Parmi les créatures de la mythologie nordique, nous ne pouvons manquer de mentionner les trolls. La tradition viking fait mention de ces créatures à de nombreuses reprises, qu'elle confond parfois avec des géants. Nous pouvons dire que, à l'étude des divers écrits, ces créatures sont généralement liées au surnaturel, comme en témoignent une multitude d'œuvres d'origine anglaise, influencées par les croyances Vikings. Cependant, il semble qu'en général le terme troll soit utilisé pour désigner des créatures surnaturelles. Ils apparaissent peu amicaux. Ils peuvent être dangereux pour les hommes, et ils sont souvent assimilés à des lieux, certes naturels, mais qui toutefois peuvent se révéler dangereux. Tels que les océans, les forêts, les océans.

Présents dans la littérature norroise du Moyen Âge, ils sont désignés comme " possédant de la magie ou de sombres pouvoirs". Un peu d'étymologie nous apprend également que le terme est relié au verbe norrois "tryl-la" qui veut dire " rendre fou, conduire à une puissante rage, remplir de furie"

Par extension, le troll désigne la part hostile de la nature, avec un certain aspect repoussant C'est probablement cette explication qui fait que les trolls et les géants sont généralement confondus. Cher lecteur, si vous en croisez un... vous voici donc informé...

Les Elfes

Très fréquemment, dans les contes de fées ou des films inspirés de la mythologie viking, nous remarquons la présence d'elfes. Mais, bien avant notre époque, et les interprétations ultérieures à l'ère Viking, Que représentent exactement ces créatures dans les légendes de ces peuples d'Europe du Nord ? Les elfes sont originellement des divinités mineures de la nature et de la fertilité.

Ces créatures légendaires anthropomorphes sont dépeintes comme lumineuses, "plus belles que le soleil", liées aux dieux. Il faut

préciser que les peuples païens ne considéraient pas les différentes entités divines comme totalement déconnectées les unes des autres. Les frontières entre les elfes et les autres êtres spirituels étaient très floues, et nous comprenons qu'il existe des elfes dotés de pouvoirs divins ou en contact étroit avec les dieux.

Sur leur habitat, les elfes vivent le plus souvent dans des forêts. Ces créatures sont considérées comme immortelles et dotées de pouvoirs magiques. Mais, comment les distinguer physiquement des êtres humains ? Par leurs oreilles pointues et une apparence svelte et juvénile.

Ensuite, ces elfes peuvent avoir des relations ambivalentes avec les humains. En tant que dieux, dans certains cas, ils sont aimants et bienfaisants, au point d'être d'habiles guérisseurs, mais à d'autres moments, peuvent aussi provoquer des maladies.

Il est possible de donner une base à cette considération des elfes comme étant liés à des esprits, en raison de la connaissance de certains rituels qui s'apparentent à la vénération d'ancêtres défunts, une forme de fête des morts. Ces rituels ont continué d'exister même après que les peuples nordiques se soient convertis au christianisme, ce qui, néanmoins, suggère que leur vision de la vie après la mort n'était pas très éloignée de celle de la religion chrétienne.

Nous pouvons donc remarquer que si la croyance en un dieu unique propre au christianisme a fait disparaître les rituels païens qui s'adressent à plusieurs dieux, elle n'a pas eu d'impact négatif sur les perceptions et les croyances liées aux elfes.

Chapitre 3

Les Neuf Mondes

Les Neuf Mondes sont les mondes qui abritent chacune des créatures de la mythologie nordique. Nous les retrouvons préservés dans les branches et les racines de l'Arbre Monde Yggdrasil, comme nous le raconte Snorri dans l'Edda en Prose.

La particularité de ces Neuf Mondes, à l'exception de Midgard, est qu'ils sont invisibles. Le chiffre neuf est un chiffre mythique pour les Vikings. C'est un chiffre qui revient souvent dans les récits. Ainsi nous pouvons penser plus particulièrement à Odin, suspendu à l'Arbre Monde durant neuf nuits, dans le mythe du sacrifice de soi. Et puis nous savons que Heimdallr naît de neuf mères, que Menglöð a neuf jeunes filles à son service.

Et puis encore que Thor fait neuf pas, lors du Ragnarök, après son combat contre Jörmungandr, et juste avant de mourir, pour n'en citer que quelques-uns.

Les premiers ouvrages rassemblant les textes des sagas n'entrent pas dans une grande quantité de détails pour décrire ces mondes. Ces écrits placent ces mondes le long du tronc, dans la ramure et les branches, au pied de cet Arbre Cosmique, ainsi qu'autour et dessous les racines de cet Yggdrasil. Certains mondes sont moins connus que d'autres et nous pouvons penser que la tradition orale a créé et donné une forme de conscience, et de consistance, de l'existence de ces mondes.

La croyance religieuse nordique est caractérisée par le concept de síður, c'est-à-dire un ensemble de modes de pensée, se rapprochant de la coutume, qui est la traduction du mot síður, est bien implanté et vivace dans toute la civilisation Viking, une "coutume en commun". Nous pouvons donc supposer que la tradition orale et les sagas la composant, a généré une idée commune de la structure des mondes, de sorte qu'elle n'est pas nécessairement décrite dans les différents ouvrages. En effet, des preuves archéologiques nous laissent entrevoir une vie au quotidien étroitement liée à des coutumes et quelques rituels, exprimant une dévotion personnelle,

d'une ou d'un Viking, pour un dieu spécifique, avec lequel il se sentait plus en "harmonie".

Une autre raison à cela peut se trouver tout simplement dans le fait que les écrits sont postérieurs à l'époque des Vikings, et sont l'œuvre de rédacteurs chrétiens. De là à penser que ces écrivains y ont ajouté une sorte de "patte personnelle", le cheminement de l'idée vient rapidement à l'esprit, accompagné d'un autre, qui est qu'ils n'ont pas, volontairement, repris certains passages trop en dysharmonie avec leurs propres croyances chrétiennes.

Ceci a ouvert d'autres débats sur les descriptions de ces Neuf Mondes, concernant l'origine de leurs concepts, et sur la manière dont ceux-ci ont été façonnés avec le temps. De ce qui est parvenu jusqu'à nous, je vous invite à me suivre… Partons ensemble à la découverte de…

L'histoire des Neuf Mondes

Il était une fois…. le monde. Avec rien.

Voici que nous devons revenir un peu en arrière, afin de mieux suivre l'évolution de la création du monde depuis ce "rien", ce vide, et bien assister au crescendo constant dans la pousse de l'Arbre Monde, débouchant sur LES Mondes. Ceci va nous faire croiser le texte de ce chapitre avec des parties antérieures de ce livre, en raison de la nature de forte imbrication entre tous les écrits.

Tout ceci va s'éclairer tout de suite...

Dans son état primitif, "l'avant-monde" est représenté par un abîme ou un gouffre gigantesque, sans limites et chaotique, le Ginnungagap. Au nord de cet endroit se trouve la région des glaces, Niflheim, où il n'y a que brouillard et givre.

Dans cet espace se trouve la source de Hvergelmir, d'où émergent les neuf rivières primitives appelées collectivement Élivágar. Vous pouvez remarquer que, ici aussi, nous retrouvons le chiffre neuf.

Tant que ce "rien" existe, il n'y a que le Ginnungagap. Aucun ouvrage ne traite de la question de la naissance de l'Arbre Monde. Nous avons la perception que cet endroit existe, comme s'il avait toujours existé, même lorsque le monde était dans un chaos primitif.

C'est là toute la magie de cette mythologie si particulière... Il semble même que dans les écrits de l'Edda, Odin et Yggdrasil ne semblent faire qu'un. Odin a été pendu à cet arbre durant neuf nuits et neuf jours, et Odin aurait déclaré qu'il se sacrifiait lui-même, sur lui, pour avoir la connaissance de tout.

Yggdrasil est un frêne immense, qui a germé et a grandi dans le vide brumeux de Ginnungagap, entre le brûlant Muspelheim et le glacial Niflheim. Lorsque les feux de Muspelheim ont commencé à faire fondre la glace de Niflheim, l'eau a permis de créer le célèbre Ymir, le géant primitif dont nous avons déjà parlé à plusieurs reprises, et Audhumla, la vache sacrée.

Les Neuf Mondes ont été formés juste après la mort de Ymir. Les meurtriers, Odin, Vili et Ve ont utilisé différentes parties du corps de Ymir pour créer le monde des humains, Midgard, qu'ils ont immédiatement peuplé du premier homme, prénommé Ask et de la première femme, prénommée Embla, tous deux sculptés à partir de deux arbres.

Le Bifröst, un arc-en-ciel géant, part de Midgard et mène à Asgard, le monde des cieux ainsi que la demeure des dieux.

Selon les écrits à découvrir dans l'Edda, une nouvelle phase de monde commence avec l'existence nouvelle de ces deux humains, Embla et Ask. Avec leur existence toute nouvelle, ils déclenchent le temps. Et puis tout se met en place, et les dieux et les hommes font ce qu'ils ont à faire, jusqu'au moment où le Ragnarök - une sorte d'apocalypse - se déclenche, après que tous vivent les signes annonciateurs.

Yggdrasil l'Arbre Monde qui accueille les Neuf Mondes

L'Arbre Monde Yggdrasil accueille tous les mondes. Il est aussi, l'espace et le temps, l'existence, la conscience, le support de tout ce qui existe, il est cosmique, il relie les parties de l'univers, et il est l'univers lui-même. Il est la demeure des dieux, des hommes, des morts, le destin, le passé et l'avenir, et la destinée des humains. Yggdrasil est le reflet de l'humanité elle-même, l'inconscient collectif dans les mondes souterrains, la mémoire du passé, le quotidien, l'aspect présent, et le futur, avec les aspirations spirituelles.

Yggdrasil et ces Neuf Mondes sont la Nature elle-même et ses coexistences, avec un destin commun nommé le Ragnarök, que nous verrons en détail par la suite. En effet, pour comprendre le Ragnarök, qui est "une fin", il est nécessaire d'avoir quelques connaissances sur "le début"...

Yggdrasil, donc, est également appelé le "Frêne du Monde", à la fois parce qu'il est gigantesque, le plus grand et le plus beau, mais aussi puisqu'il a pour mission de maintenir ensemble les éléments de la Terre, des cieux, des astres, des morts, du cosmos...

Cet arbre merveilleux se révèle si grand qu'il est impossible d'en voir la fin et sa ramure se disperse dans le ciel. L'arbre connecte le ciel à la terre, dans une métaphore impliquant les hommes et leur spiritualité. De plus, pour les Vikings, le frêne sacré représente l'union du bien et du mal, du destin, fait de bonté et d'épreuves.

Les mondes accueillis et abrités par Yggdrasil sont

Asgard, le monde des dieux Ases,

Vanaheim, le monde des dieux Vanes, parfois appelés Vani, Álfheim, le monde des Alfes lumineux,

Midgard, le monde des hommes,

Jötunheim, également appelé Utgard, le monde des géants, Niflheim, le monde primitif de la glace et des brumes,

Svartalfheim, le monde des Alfes noirs, Muspellheim, le monde primitif du feu,

Helheim, le monde des morts "non victorieux", les criminels et ceux qui sont morts de maladie ou de vieillesse. Parfois le nom de Niflheim est utilisé.

Je vous laisse vous familiariser avec tant de noms compliqués. Toutefois, si vous avez quelques connaissances en anglais ou en allemand, vous retrouverez facilement quelques similitudes avec des mots appartenant à ces langues d'aujourd'hui. (Enfer = die Hölle = the Hell, pour ne citer qu'un exemple)

Les occupants de Yggdrasil

Pour mieux comprendre, nous allons nous déplacer le long de cet arbre et y découvrir des choses bien étonnantes. Imaginons un instant pouvoir aller sous lui, puis tourner autour de lui comme si nous volions...

Yggdrasil, qui est le pilier cosmogonique, dispose de trois énormes racines. Chaque racine est un Monde. Helheim, Muspellheim et Niflheim.

C'est de Niflheim, l'autre nom de Helheim, que provient la source de Hvergelmir. Ce monde abrite une créature étrange, un dragon nommé Nidhögg qui garde cette source. Mais lorsque Nidhögg a un peu faim, et bien, il mange la racine de l'arbre.

Partons un instant dans les cieux, où nous trouvons un grand aigle, nommé Vedhrförlrir. Dans certaines légendes, il est dit que Vedhrförlrir est un faucon, qui, lorsqu'il bat des ailes, fait du vent dans les branches de l'arbre et jusqu'au Monde des hommes, Midgard.

Nidhögg, le dragon, n'est pas ami avec Vedhrförlrir, l'aigle et les deux animaux se querellent tout le temps.

Sur le tronc de l'arbre, nous voyons un petit écureuil, répondant au nom de Ratatosk. Il est le messager entre Nidhögg et Vedhrförlrir, car il monte et descend le long du tronc pour raconter aux deux animaux les insultes de l'autre, histoire d'attiser la querelle entre les deux.

Au sommet de l'arbre habite un géant, Hraesvelgr, dont la tâche est de surveiller constamment les alentours, et d'avertir en cas de danger.

Descendons vers le pied de l'arbre, pour découvrir quatre cerfs qui vivent sous les branches basses. Ils se nourrissent des jeunes pousses de l'arbre. Ils s'appellent Dain, Duneyr, Durathor et Dvalin.

Víðópnir, Vidofnir, un coq, occupe également au sommet. Dans certaines sagas, Vidofnir n'est pas un gallinacé, mais un rapace.

Les Neuf Mondes

Asgard, Godheim

Nous avons déjà évoqué Asgard, le Monde des dieux Ases à plusieurs reprises. Snorri Sturluson écrit qu'Asgard est la terre la plus fertile des Neuf Mondes, et de plus, dotée d'une abondance sans pareil d'or et de bijoux. C'est une cité céleste composée de hautes tours et entourée d'une grande muraille.

Asgard est à la fois, le Monde, la maison et la forteresse des Ases, l'un des deux groupes de dieux, l'autre groupe étant le groupe des dieux Vanes.

Grâce à Bifröst, l'arc-en-ciel géant, ce monde est relié à Midgard, le monde des êtres vivants, par extension les hommes. Asgard est un lieu où les êtres qui l'occupent sont respectueux des lois et civilisés, un monde divin sur lequel les Vikings modèlent leur vision de la vie. Les dieux les plus connus qui ont leur domicile à Asgard sont Odin, Thor, Hodr, Heimdall, Tyr, Loki et Baldr.

Ce monde abrite également le Valhalla, la grande et luxueuse salle où Odin reçoit les âmes des valeureux soldats. Dans ce lieu se trouve également le trône personnel du dieu suprême. Le trône est nommé Hlidskjalf, et c'est de là qu'Odin peut observer le monde entier. Le Valhalla est, de nos jours, souvent associé à un paradis, mais ce n'est pas tout à fait exact, mais nous découvrirons ceci plus en détail dans un chapitre qui lui sera consacré.

Álfheim

Álfheim est le pays des Elfes lumineux, en opposition aux Elfes noirs. Comme Asgard, il est situé dans les cieux, au-dessus de Yggdrasil. Il est dirigé par le dieu Vani nommé Freyr, l'un des otages envoyés là, à la fin du conflit entre géants et dieux. Nous pouvons imaginer ce monde comme un endroit agréable, caractérisé par la paix et le grand calme.

Il existe plusieurs théories sur ce lieu, qui montrent un certain désaccord entre les spécialistes. Ce lieu est amplement décrit par Snorri dans l'Edda en Prose. Une lecture de l'érudit John Lindow montre que Álfheim a beaucoup en commun avec la région d'Álfheimar, un lieu situé entre les embouchures des rivières Gota et Glom, à la frontière entre les actuelles Suède et Norvège. Les caractéristiques morphologiques de la région sont très similaires et nous pensons donc que le mythologique Álfheim s'est inspiré de cette région.

Hel, Helheim, Niflheim

Je profite de l'occasion pour indiquer ici que tout, absolument tout, dans la mythologie Viking possède un nom. Et très souvent, il en existe même plusieurs pour indiquer la même chose. Ce qui rend la lecture de tous les écrits anciens particulièrement complexe.

Je retiendrai ici le mot de Helheim pour décrire ce monde souterrain qui abrite les morts qui ont succombé à la vieillesse ou à la maladie, ou parce que ce sont des criminels. Ici se retrouvent les âmes qui ne

peuvent être accueillies au Valhalla, qui est strictement réservé aux valeureux.

Nous ne pouvons cependant pas définir Helheim comme un enfer, puisque, contrairement à sa forme chrétienne, ce monde souterrain de la mythologie Viking semble être plutôt une continuation d'une forme de vie après la mort, et non une punition pour expier des péchés.

Les descriptions qui en sont faites, le présentent comme un monde sombre et lugubre dirigé par la déesse Hel, fille de Loki et sœur de l'ennemi de Thor, le serpent Jörmungand. C'est Odin lui-même qui place la fille de Loki aux portes de Hel, car il a supposé qu'ailleurs, elle pourrait créer des problèmes.

Le Helheim est situé sous les racines d'Yggdrasil et ne peut être atteint qu'en empruntant un long chemin appelé Helveg, littéralement "La route de Hel", le lieu est entouré de murs, disposant d'une seule porte d'entrée.

Dans ce Helheim, les âmes des morts font plus ou moins ce qu'elles faisaient auparavant dans la vie. Elles vivent dans un monde sombre, presque sans lumière, voire sans lumière du tout. Il n'y a aucune forme de damnation ou de loi de passage, seulement des étendues sur lesquelles errent les âmes.

Jötunheim

Jötunheim est la demeure des Jötnar, les géants de la mythologie nordique. Ce monde, également connu du nom de la forteresse qui y est implantée, Utgard. C'est une vaste région sauvage. Snorri nous donne une description précise de ce monde, où les géants vivent dans des forêts sombres et des sommets montagneux où l'hiver est très rude et très long. Le Jötunheim est séparé d'Asgard par la rivière Jarnvidr, qui ne gèle jamais et se trouve très difficile d'accès et à traverser.

Le Jötunheim se révèle proche d'Asgard et de Midgard et est par ailleurs appelé "au-delà du monde de l'ordre", car il est habité par

des géants du chaos. Nous pouvons donc l'imaginer comme étant un monde de nature totalement sauvage, mais aussi de magie. Loki, le dieu, très beau, mais farceur, semble originaire de Jötunheim mais vit à Asgard, adopté par Odin qui le considère comme son frère.

Selon certaines sources, vous l'avez compris, ce monde semble assez dangereux, mais des textes font état de voyages intentionnels de la part des dieux.

Midgard, Mannheim

C'est le Monde du milieu, situé sous Asgard, juste à la base du tronc de Yggdrasil et le seul monde visible de l'homme. Autour de lui se trouve un profond océan. Sur ces rivages, les fils de Bor ont donné des terres aux clans des géants pour qu'ils y vivent. Mais plus loin dans les terres, ils ont construit un mur de fortification autour du monde pour se protéger de l'hostilité des géants. Comme matériau pour le mur, les cils du géant Ymir ont été utilisés. C'est le nom de cette fortification qui donne son nom au Monde Midgard.

L'océan est infranchissable pour deux raisons. Il est très grand et très profond. Et c'est là que vit le redoutable serpent de mer Jörmungandr, ennemi du dieu Odin.

Muspelheim

Muspelheim est un monde de feu dirigé, gardé et surveillé par Surtr, qui dispose d'une épée flamboyante. Ce monde est situé dans le gouffre d'origine, le Ginnungagap. Pour compléter notre description, revenons un instant sur les écrits de Snorri, pour qui le nom d'un géant, Muspell, propriétaire du bateau Naglfar, est également associé à ce lieu, ainsi qu'au géant de feu, Sutr.

Et c'est Sutr qui déclenche, lors du Ragnarök, l'incendie cosmique Selon certaines versions du mythe, ce monde Muspelheim est en outre habité par des êtres maléfiques dont le seul but est de se battre durant le Ragnarök.

Nidavellir, Nidafjöll

Vous vous souviendrez ici que les nains sont nés de vers du corps de Ymir en décomposition. Puis les dieux ont pris place sur leurs trônes. Ils se sont souvenus de l'endroit où les nains avaient pris vie dans le sol sous la terre, comme des vers dans la chair. Aussi, par la décision des dieux, les nains ont acquis un esprit humain et ont pris la ressemblance des hommes, vivant dans la terre, les montagnes et les rochers.

C'est dans ces lieux que vit le nain forgeron ainsi que son frère, et ce sont eux qui ont fabriqué le marteau magique de Thor, nommé Mjöllnir. Eh oui, je vous avais bien dit que tout, absolument tout avait un nom !

Je terminerai ici en ajoutant que pour Snorri, Nidavellir et Nidafjöll désigne un seul et même monde, la signification de ces deux noms étant la même "montagnes sombres". Ici est né Nidhögg, le dragon dont nous avons déjà parlé, celui qui grignote les racines d'Yggdrasil.

Niflheim

Niflheim, littéralement "Demeure de la brume", est un monde de glace primitif situé au nord de Ginnungagap. Il était opposé au monde du feu. Nous nous souvenons ici que, de la glace de Niflheim est né le géant Ymir, comme le rapporte Snorri dans son Edda. Ce Niflheim se situe sous l'une des trois racines d'Yggdrasil, et c'est sous cette racine que se trouve Hvergelmir, la source cosmique qui donne naissance à toutes les rivières, dénommées conjointement Élivágar.

Vanaheim

Vanaheim est l'habit des dieux Vani. Ce monde semble situé quelque part à l'ouest d'Asgard, bien que nous n'ayons pas d'indication claire qui nous permette de l'affirmer. Le seul auteur qui mentionne des informations sur ce monde est Snorri dans l'Edda en Prose et nous pouvons donc supposer que ce monde est arrivé un peu plus tard autour de Yggdrasil un plus tard que tous les autres, dans le but de trouver un pendant à Asgard.

La particularité de ce monde est qu'il est sauvage, fourni et naturel. Cela s'explique par le fait que les Vani sont associés à la fertilité et à la magie.

Je terminerai la visite par quelques précisions. Le mot Heim, ou Heimr, désigne à la fois maison, domicile, lieu et royaume. Tous les Mondes de la mythologie scandinave portaient des noms qui se terminaient tous par le suffixe heim, heimr. Certains noms de Mondes sont également des noms de lieux dans l'un ou l'autre des mondes. Vous comprendrez que la plus grande confusion puisse être arrivée au fil des siècles, au fil des différents écrivains ou scientifiques qui se sont penchés sur ces écrits.

C'est pourquoi j'ai mentionné un autre nom à côté de certains noms de ces mondes qui contiennent ce suffixe heim. C'est le cas pour Midgard, également nommé Mannheim. Quant à Asgard, je lui ai adjoint son autre nom de Godheim.

Équilibre et opposition

D'autre part, il me semble intéressant de mentionner que le concept des Neufs Mondes est basé à la fois sur un équilibre et sur une opposition. Ce qui signifie qu'aucun Monde n'existe sans l'autre.

Ainsi

Ásgard est le complément et l'opposé de Helheim,

La mort brillante des guerriers versus la mort sans gloire.

Álfheim est le complément et l'opposé de Svartalfheim La lumière versus l'obscurité.

Muspellheim est le complément et l'opposé de Niflheim

Les étincelles, la chaleur, le feu versus la glace et les grands froids. Vanaheim est le complément et l'opposé de Jötunheim

C'est l'idée de toute création versus la destruction fatale.

Chapitre 4

Les divinités de la mythologie nordique

Qui étaient les divinités pour les Scandinaves ?

Le livre a jusqu'ici été parsemé de noms de quelques dieux. Encore une fois, au risque de me répéter, il est nécessaire de comprendre l'environnement et son aspect philosophique, pour faire la connaissance des éléments et des êtres qui le composent.

Comme dans presque toutes les mythologies du monde, les peuples scandinaves et Viking avaient leurs dieux, et beaucoup. Et, de plus, pour sophistiquer encore un peu plus cette mythologie déjà extrêmement complexe, plusieurs noms étaient donnés aux dieux. C'est ainsi qu'Odin porte des centaines d'autres noms, il est même évoqué le nombre de mille !

La particularité de ces dieux est leur aspect mortel. Les dieux de cette mythologie ont des personnalités très semblables à celles des humains, dont ils sont finalement très proches, y compris dans leurs comportements, leurs attitudes, leurs émotions et leurs façons d'agir. Ces dieux interviennent souvent dans les affaires humaines, bien que leur pouvoir et leur sagesse dépassent largement les limites de l'esprit humain.

Les dieux vénérés par les Vikings sont des êtres supérieurs, aux personnalités complexes et présentant de multiples facettes. Ils ressentent des émotions, mettent en scène des conflits dictés par la jalousie, la vengeance, la peur, nous pouvons dire... tout ce qui fait partie de l'humanité.

Chacune de ces divinités protège un groupe de personnes ou un élément de la nature. Cependant, une même déesse ou un même dieu, peut avoir à la fois un pouvoir principal, lié à la tâche qui lui est confiée, mais peut posséder des pouvoirs secondaires, plus difficiles à comprendre, pour nous qui ne sommes pas des dieux.

Pour citer un exemple, un dieu de la guerre peut aussi être un protecteur puissant des artisans, ou une divinité normalement maléfique peut aussi faire "le bien" dans certaines circonstances.

Aussi, les Vikings ressentent le besoin profond et permanent de vénérer et d'interagir avec leurs divinités. Certaines étant destructrices et maléfiques, les Vikings les respectent, ou s'en inspirent, tout autant que d'autres divinités, bienveillantes, largement célébrées.

Néanmoins, les Vikings ne condamnent jamais les créatures destructrices, ils les acceptent, car ils supposent ou pensent fort intelligemment, que ce sont à cause d'elles que les mondes sont ce qu'ils sont. Ils adhèrent donc, eux aussi, au principe d'équilibre- opposition que j'ai développé plus avant. Pour ce peuple Viking, la férocité, la méchanceté et la violence sont des éléments nécessaires qui permettent de donner une cohésion à l'ensemble de la réalité quotidienne en équilibre et doivent en conséquence être célébrées comme tout autre phénomène de l'univers, tel que le bonheur, la bonté et la gloire.

Pour les Vikings, ce ne sont pas seulement les dieux et déesses eux-mêmes, tels qu'Odin, Loki, Thor, Hel, Freyr, qui sont divins, mais aussi les créatures surnaturelles telles que les nains, les elfes, les esprits de la terre, les valkyries, sont accompagnées d'un esprit déifique, mêlé de magie et de fantastique, et de puissances sur-naturelles.

Ases ou Aesir, Vanir et Dises

Les dieux sont à considérer comme étant "organisés" en trois groupes.

Les Ases, ou Aesir, dans le Monde Asgard, formant le groupe des dieux, seigneurs absolus du ciel.

Les Vani dans le Monde de Vanaheim. À ceux-ci, il serait correct d'ajouter quelques géants, puisque, comme nous l'avons déjà mentionné, ils sont de la même lignée que les dieux.

Les Dises, ou Disir.

Elles sont un ensemble de divinités féminines, générale-ment associées à la mort ainsi qu'à la déchéance. Les Valkyries sont des divinités mineures qui servent Odin, notamment dans le Valhalla.

Bien que les Ases, les Vanes et les Dises soient toutes et tous des dieux, il existe une certaine opposition en-tre eux. Ou bien, tout comme dans l'opposition des mondes et leur complémentarité, nous avons ici cette même configuration. Ils sont la représentation de la société scandinave elle-même, avec ses forts contrastes, et ses mentalités guerrières ainsi que ses émotions si humaines.

Les Vanes sont les dieux de la fertilité, de la nature, du climat, logiquement de ce qui en découle, c'est-à-dire les récoltes, ce qui le rend très populaire pour une grande partie de la population, les paysans d'alors.

Les Ases, quant à eux, sont en relation étroite avec l'aspect de gouvernance, de commandement, de querelles, et de guerre.

La morale à retenir de cette classification peut suggérer aux hommes qu'une société équilibrée ne peut fonctionner correctement qu'en combinant les classes sociales.

Les Ases, également dénommés Aesir, doivent leur nom à une origine qui reste encore discutée de nos jours. Diverses interprétations sont admises, avec un assez plausible et logique rapprochement d'une langue de la vieille Islande AES.

À la tête des dieux Ases... Odin.

Ces dieux occupent l'un des Neuf Mondes, Asgard. En ancien norrois, Ásgarðr, qui se traduit par "enceinte des Ases". Ásgarðr n'est pas seulement un monde, mais également une forteresse céleste, que les dieux ont construite pour y habiter avec leur famille afin de se protéger des attaques des géants. L'accès à ce lieu n'est possible que par un pont céleste nommé Bifröst, qui est un arc-en- ciel.

Odin, Frigg, Thor, Loki, Balder, Hod, Heimdall et Tyr sont parmi les plus connus des dieux, ceux à propos desquels il existe le plus de sagas de contes et de légendes, ceux qui FONT la légende et la mythologie à eux-mêmes, puisqu'ils sont à l'initiative de la création du monde, et les protagonistes de ces mêmes créations.

Les dieux, bien que dieux et tout-puissants, sont toutefois eux- mêmes liés au destin, qui leur est supérieur. En ce DESTIN, que même les dieux doivent subir, dont ils doivent pourtant pouvoir prendre connaissance, nous pouvons également trouver un certain lien entre la pratique de la prédiction de l'avenir et l'acte sexuel. C'est pourquoi le savoir est surtout "accordé" aux dieux dotés d'une grande puissance et représentant la fertilité.

Aussi, des personnages importants dans cette mytholo-gie nordique agissent étroitement avec cet art de la div-ination. Sur Terre, les Völva, mi-prêtresses, mi-prophét-esses, ces femmes, âgées généralement, errent de ville en ville et de ferme en ferme, réalisant des actes de magie sur commande en échange de nourriture, d'un toit pour dormir ou d'autres formes de compensation.

La prophétie de la voyante, la Völuspá, est un poème rédigé en vieux norrois, présent dans l'Edda poétique, probablement composé aux alentours de l'an 1000. Il s'agit de la plus belle, de la plus fantastique, et de la plus célèbre œuvre, en tant que poème mythologique.

Long de 66 strophes, nous le trouvons dans un man-uscrit nommé CODEX REGIUS, qui lui-même contient l'Edda poétique.

L'Edda de Snorri, rédigé postérieurement, reprend quelques strophes de cette Völuspá. Ce très long poème cosmogonique est un monologue presque inter-minable, d'une rencontre entre Odin et la Völva, auteure et prophétesse, à qui elle annonce le passé, le présent et l'avenir. Nous pouvons comprendre à cette lecture, qui contient des visions de Völva, agrémentées de riches détails, que le maître des Mondes est le Destin, puisque même Odin, le plus important de tous les dieux, doit s'y soumettre.

La Völva, dans cette Völuspá, dit tout à Odin, depuis l'origine du monde, qu'il connaît pour l'avoir vécue, jusqu'à Ragnarök, une forme d'apocalypse qui verra le renouveau et la création d'un autre monde, voir d'un autre univers. Une fin du monde annoncée à Odin, qui apprend qu'il va mourir lors de ce Ragnarök. Les Vanir ou Vanes. Sont directement associés au domaine de la fertilité, qu'elle soit du domaine du terrestre pour les plantes et les champs ou du domaine du vivant des êtres, avec la fécondité. À cette fertilité et fécondité s'ajoutent également la précognition et la sagesse. Mais la magie leur est pareillement étroitement liée.

Leur Monde, dont le nom porte la même racine, est le Vanaheim. Njord, Freyr et Freyja sont les principaux dieux et déesses.

Une personnalité majeure des Vanes est Freyja, également nommée Vanadis, celle qui enseigne le seidr, c'est-à-dire le pouvoir de divination. Ainsi cette déesse forme les géants et les Ases à cette capacité divinatoire aux aspects magiques. Cependant, il semblerait que seul Odin soit parvenu à maîtriser ce seidr, et donc ce savoir et ce pouvoir.

Le combat des dieux

Un vieil adage de nos contrées dit qu'il faut de tout pour faire un monde. Le monde des dieux n'échappe pas à la règle, y compris la guerre...

La guerre entre les Vanes et les Ases, deux groupes de dieux qui s'opposent ! Du jamais vu dans l'histoire de l'univers de la mythologie scandinave.

Ce conflit est donc le premier de tous les temps, le premier de l'univers. De nombreuses études de la part d'historiens et d'universitaires alimentent des textes, des propos et des thèses, notamment en raison de sa description dans la Völuspá dont j'ai parlé dans les paragraphes précédents. Son historicité potentielle, ainsi que son étude sous un aspect philosophique, reste

passionnante, ainsi que la constatation finale. Là encore, les interprétations des anciens écrits diffèrent. Certains donnent les Vanes vainqueurs. Cependant, la version la plus connue, qui satisfait peut-être notre éducation et notre morale actuelle, est que... Il n'y a aucun vainqueur, ni aucun vaincu. La paix et une nouvelle union finale s'obtiennent par des échanges d'otages. Des compromis.

Tout débute par une tentative de meurtre de la part des Ases, voulant éliminer la magicienne Gullveig, qui est aussi une voyante, ainsi qu'une sorcière, rusée de surcroît. Les Ases pensent pouvoir accomplir leur sombre besogne en la transperçant avec des lances. Pour finir, ils la font brûler. Cependant, Gullveig ressuscite une première fois. Une seconde fois brûlée, elle revient à la vie. Puis une troisième tentative des Ases se solde par un échec, puisque Gullveig revient encore à la vie.

Consternation chez les dieux Ases, s'ensuit une grande réunion afin de déterminer la suite à donner à ces événements. Donner une compensation au Vanes pour ce qu'ils ont fait à Gullveig ? Odin donne la réponse en attaquant les Vanes, ayant fait voler sa lance en leur direction.

La guerre fait rage pendant un certain temps, les deux camps prenant le dessus tour à tour. Le conflit ne s'arrête que lorsque les divinités, à bout de leurs forces, décident d'une trêve. Comme il est d'usage chez les peuples scandinaves, cela implique de procéder à une forme de rituel, un échange d'otages. Il était courant, pour concrétiser une parole donnée, d'envoyer au groupe ennemi un ou plusieurs otages en signe de confiance qu'ils ne seraient pas tués.

C'est un géant nommé Ægir qui nous permet d'obtenir une explication plus consistante. Ægir est invité à un banquet. Il y rencontre Bragi, le dieu de la poésie, et curieux, lui demande de lui conter l'origine de l'art que Bragi soutient et protège. C'est alors que Bragi parle de la trêve qui a été décidée entre les Vanes et les Ases. Tous les dieux en présence crachent dans une même cuve, pour ainsi pouvoir former et donner naissance à un être fait de l'ensemble de leurs sagesses, diluées dans leurs salives. Kvasir voit ainsi le jour. Sa vie est de courte durée, à l'échelle cosmique bien-sûr, car

des nains malfaisants mettent fin à sa vie. Mélangé à du miel, son sang, récupéré pas Odin, et transformé de façon magique, devient l'hydromel poétique, qu'Odin offre aux Ases.

Cet hydromel poétique est en quelque sorte la puissance créative des poètes et vecteur d'apaisement.

Une autre saga, celle des Ynglingar, une dynastie royale suédoise, raconte cette guerre relativement en détail. À l'évidence qu'aucun camp ne peut véritablement obtenir victoire, il est confirmé que la décision de faire des échanges d'otages a été prise.

Kvasir, dont nous venons d'apprendre la naissance, est accompagné de Freyr et de Niord, offerts par les Vanes. Alors que les Ases envoient Hœnir et Mimir.

Les Vanes, séduits par la personnalité de Hœnir décident d'en faire leur chef. Rôle qu'il accepte tandis que Mimir continue de le conseiller.

Seulement voilà, lorsque Mimir n'est pas là, Hœnir ne semble par bien capable de résoudre les problèmes qui se présentent, car son conseiller de l'ombre lui manque.

Voyant cela, et comprenant l'association intellectuelle entre Hœnir et Mimir, les Vanes, se sentent trompés, tuent Mimir, et envoient sa tête dans le Monde des Ases.

Odin n'apprécie pas le geste dont il s'émeut. Il use de la magie, et de l'utilisation parfaite de certaines herbes, pour maintenir la tête de Mimir vivante, qu'il garde, au moins pour un temps, auprès de lui, profitant ainsi des conseils avisés de cet être sans corps. Jusqu'à ce qu'Odin décide de donner un lieu à Mimir, dans lequel il peut vivre paisiblement.

De leur côté, Niord, le dieu des vents et Freyr, dieu de la prospérité qui peut commander la pluie et le soleil, se retrouvent chez les Ases, alors que Freyja, la fille de Niord, va dispenser ses actions de façon

équitable entre les Ases et les Vanes, chez qui elle enseigne la sorcellerie.

Les sagas qui mettent en scène ces protagonistes, est utilisé vraisemblablement pour quelque peu influencer les peuples nordiques, en démontrant que toute guerre n'est pas forcément bonne à faire, et, qu'au lieu de s'affronter, quelles négociations sont préférables, quitte à arriver à des compromis qui, finalement, ne contentent totalement ni les uns, ni les autres. Toutefois, l'ordre social à comprendre de façon sous-jacente, induisant une sorte de cohésion sociétale, dans le monde scandinave, mais développait chez les guerriers une volonté de vaincre sans égal,

Ce conte a probablement été utilisé pour empêcher les différentes castes de la société nordique d'entrer en conflit. L'ordre social était certainement important pour permettre la cohésion et donc aussi une plus grande force contre les ennemis hors des frontières vikings.

Les Dises

En plus des Vanes et des Ases, la mythologie scandinave accueille des divinités féminines, les Dises. Parmi elles, les Valkyries. Ces guerrières portent armure, partent en guerre ou en batailles, distribuent la mort, car l'étymologie de leur nom se décompose en deux mots qui signifient "qui choisissent les morts". Funeste destin, qu'elles accomplissent au côté d'Odin, avec qui elles se battent à la venue du Ragnarök.

Après les groupes de dieux et de déesses, leurs habitats, leurs prérogatives ainsi que les tâches qui leur sont assignés, voici le temps de connaître les contes et les légendes mettant en scène les principaux d'entre eux.

Les principaux dieux

Une fois encore, cette mythologie est tellement, certes complexe, mais si riche, qu'à un seul petit événement se rapportant à un seul être, s'y trouvent imbriqués des quantités d'autres êtres, de nature fantasmagorique, aux origines ou à la naissance totalement

improbable fascine. Certains dieux sont appelés de plusieurs noms, je les ai juxtaposés lorsque nécessaire.

Commençons par...

Balder, Baldur

Vivant entre ciel et terre, Balder est connu dans tous les territoires scandinaves, y compris en Islande. Il fait partie du groupe des Ases, il est le fils d'Odin et de Frigg. Balder est le dieu de la bienveillance auquel est étroitement lié le soleil. En effet, Balder brille d'une lumière qui lui est propre, il est décrit comme très beau, certains affirment qu'il est la plus merveilleuse des divinités. Sa demeure, Breiðablik, signifie " grande splendeur ".

Les origines de cette figure mythologique pourraient être parmi les plus anciennes de la mythologie nordique, peut-être même apportée depuis d'autres régions du nord de l'Europe, notamment les Allemands, où existe un dieu Phol, qui présente des traits communs avec Balder.

La légende la plus célèbre concernant Balder concerne sa mort, et surtout le rôle que celle-ci tient dans le déroulement des événements prédits dans la Voluspa. Les dieux Vikings ne sont pas immortels, Balder pas plus que les autres. La mort de Balder est l'un des signes prédits par Völva, qui annonce que le Ragnarök est imminent.

Bragi

Bragi est le célèbre gardien du Valhalla, la magnifique salle du non moins magnifique palais d'Odin. Nous le retrouvons souvent en train de divertir les Einherjar, les guerriers qui habitent cet endroit d'un autre monde. Les Einherjar désignent des combattants, guerriers professionnels, qui occupent le palais d'Odin, le Valhalla.

Les Einherjar arrivent ici, s'ils ont fait preuve de bravoure sur le champ de bataille, ils ont accès à ce groupe d'esprits privilégiés. Ainsi, durant leur vie, les combattants sur terre, dans l'espoir de

pouvoir atteindre ce Valhalla après leur mort, accomplissent d'innombrables actes de bravoure pour pouvoir y être admis.

La généalogie de Bragi est simple, il est le fils d'Odin et de Frigg, il est le dieu de l'éloquence et de la poésie, et par conséquent, le patron des scaldes, c'est-à-dire les personnes qui vont de ville en villages et racontent les sagas. Bragi est donc aussi attaché à la façon dont l'histoire des Vikings, ainsi que leur mythologie sont enseignées, ou dont les contes et légendes sont partagées entre les occupants de la scandinavie.

Ayant bu l'hydromel favorable à la poésie, connu pour ses compositions incroyablement techniques et émouvantes. C'est Odin lui-même qui a décidé de donner à Bragi, accès au Valhalla, impressionné par ses poèmes. Ainsi, en accédant à cette magnifique région, Bragi a commencé à chanter les innombrables exploits des héros tombés au combat. Il est souvent dit que Idun, une déesse ayant le pouvoir de donner l'immortalité, est son épouse.

Freya

Freya est l'une des déesses les plus sensuelles et féminines de la mythologie Vikins. En regardant de plus près ses traits, elle présente beaucoup de points communs avec Frigg, dans la mesure où, elle aussi, semble avoir des pouvoirs liés à l'amour, la fertilité et la beauté. Elle est la sœur de Freyr, que nous allons étudier dans le prochain paragraphe. Il semble que les noms de ces deux enfants signifient respectivement seigneur et dame.

Freya est également une Völva, une voyante magicienne qui pratique le seidr, le rituel chamanique typique de la période Viking. Pour certains, elle est également une sorcière.

Freyr, Yngvi

Freyr, le dieu de la fertilité est un Vani, et le frère de Freya. Il est le fils de Njord. Les Vikings le considèrent comme le symbole de la

prospérité ainsi que celui des conditions météorologiques favorables. C'est pourquoi ce dieu est étroitement lié à l'agriculture.

Vous vous souviendrez que Freyr, ainsi que sa sœur, ont été les otages envoyés aux Ases comme gage de la trêve entre les deux clans. Selon une légende, il semble que Freyr vit une relation incestueuse avec sa sœur, pendant cette période de "captivité". Freyr est l'une des divinités les plus vénérées chez les païens Vikings. C'est un dieu proche de l'origine même de la mythologie. En outre, le bien-être des peuples nordiques dépendait en quelque sorte du culte de Freyr, qui offrait aux humains la prospérité en termes sexuels, agricoles et économiques.

Freyr est souvent le destinataire de sacrifices lors des semailles, mais aussi lors des mariages. Lors des fêtes de la moisson, par exemple, un sanglier est sacrifié, animal sacré et l'attribut de cette divinité. En effet, sur terre, Freyr se déplace sur un char tiré par un sanglier. Il lui arrive aussi de chevaucher le sanglier sans utiliser de char.

À l'occasion de la vénération de Freyr, les Vikings déposent leurs armes et profitent d'une période de paix et de festivités joyeuses, appréciant la douce présence de la divinité.

Outre le dieu de la fertilité et de la prospérité, Freyr est probablement le souverain des elfes, puisqu'il vit à Álfheim, le monde de ces créatures mythologiques.

Et voici ce qui le concerne qui est bien le plus magique. L'un des chapitres de L'Edda de Snorri nous indique que Freyr est l'heureux propriétaire d'un bateau magique qui s'appelle Skidbladnir. Immense, le bateau est assez grand pour contenir tous les Ases ! L'aspect très pratique du bateau est que, lorsqu'il n'est pas utilisé, pas besoin de port ou de cale sèche, car il suffit de la plier, et de le ranger dans une poche en tissu ! Mais, lorsqu'il est sur mer, sa voile, une fois hissée, n'attire que des vents favorables.

Frigg

Tout comme Freya, Frigg est aussi une Völva, sorcière pour les uns, elle pratique également le seidr, ce rituel chamanique dont nous avons déjà parlé et peut prédire l'avenir.

Frigg est l'épouse d'Odin, son union en fait la reine des Ases, Æsir. Déesse de la maternité, de l'amour, du mariage, connue pour sa beauté, son amour et sa fertilité. Elle est la mère de Baldr ainsi que de Höd, d'autres divinités. Elle est la seule déesse autorisée à s'asseoir à côté d'Odin, ou sur son trône, en tant que symbole de la mère divine capable de donner la vie à de grands héros.

Malgré l'importance du fait qu'elle est l'épouse du dieu le plus important de la mythologie nordique, nous trouvons peu de traces de Frigg dans les contes Vikings. Toutefois, il semble qu'elle ait été infidèle à Odin, alors qu'il était parti loin du palais. Un flou très marqué existe en raison de différences à constater au long de la lecture de différentes légendes. Comme nous l'avons mentionné précédemment, les deux divinités Frigg et Freya ont été souvent confondues dans de nombreuses légendes.

Heimdall

Heimdall se distingue des autres dieux par sa peau très blanche et est donc désigné par l'épithète "le plus brillant". C'est un fils d'Odin qui est assis près du Bifröst, l'arc-en-ciel géant. Qui est sa mère semble incertain. C'est un guerrier expérimenté et sa tâche principale est de protéger Asgard des attaques ennemies, en gardant l'accès au Bifröst, interdisant tout passage non désiré.

Il fait partie de la dynastie Ases, il est fréquemment représenté avec une corne, avec laquelle il peut prévenir les autres dieux de l'arrivée d'ennemis. Dans de multiples versions des légendes et des mythes, il est décrit comme ayant les mêmes capacités qu'un oiseau de proie. Une vue particulièrement perçante, sa vitesse, sa disposition à émettre des sons forts et à se tenir en hauteur pour surveiller les ennemis qui veulent pénétrer dans Asgard.

Lors du Ragnarök, la fin cataclysmique prévue par la Völva, expliquée à Odin, Heimdall joue un rôle fondamental en prévenant les dieux de l'arrivée de l'exécution de leur destin. La fin terrible de cette divinité est due à la méchanceté de Loki, qui aide les géants à atteindre Asgard, mais meurt des mains de Heimdall. Loki et Heimdall s'entretuent alors que le monde brûle et s'enfonce dans les océans.

Hel

Hel est la déesse de Helheim, le monde souterrain nordique. Son apparence est semblable à celle de la mort, caractérisée par sa pâleur contrastant avec des cheveux noirs. Nous trouvons parfois dans son iconographie son portrait qui montre un demi visage avec peau et cheveux, alors que l'autre moitié est un crâne. Hel est aussi le nom du lieu où elle se trouve, ainsi que la clôture "la grille de Hel", Helgrind, également appelée Nagrind, la "grille des cadavres", ou même Valgrind la "grille des occis". Aucun doute là-dessus, Hel est bien en relation directe avec les morts, les bandits et ceux qui sont décédés de maladie.

Son arbre généalogique ? Fille de Angrboda et du dieu Loki, sœur de Fenrir le loup, et de Jörmungand le serpent qui garde les océans. Voici encore un peu plus de détails sur Hel.

Selon les Vikings, le Monde des morts est situé sous terre, le sens du terme Hel étant "lieu caché". Ce genre d'enfer a une connotation satanique et sombre, mais dans ce monde, personne ne reçoit de récompense pour un comportement vertueux dans la vie, ni de punition pour des attitudes immorales ou hérétiques.

Le Helheim est lieu de rassemblement des âmes des morts qui sont décédés de maladie ou de vieillesse. Ces âmes peuvent poursuivre leur existence comme de leur vivant, c'est-à-dire cultiver la terre, forger des armes, se fréquenter, etc. Cependant L'Edda en Prose présente Hel comme un endroit très désagréable. Peut-être parce que son auteur, Snorri Sturluson, l'a écrit alors que le christianisme teintait largement ses croyances et ces connaissances. Il fallait donc, en écrivant, diaboliser ce lieu, et le faire paraître bien plus terrible que ce à quoi pensaient les Vikings.

Hel est assimilée à une déesse maléfique, indifférente aux préoccupations des vivants et des morts. Nous n'avons pas beaucoup de preuves de la présence de cette déesse dans la mythologie nordique, mais la contribution majeure, celle de l'Edda en Prose, la décrit comme une femme perpétuellement maussade et triste.

Idun

Idun est une déesse appartenant à la dynastie Ases. Contrairement aux autres dieux, nous savons peu de choses d'elle, mais elle est une figure majeure de la mythologie, car elle possède l'extraordinaire particularité de pouvoir donner l'immortalité à tout être mortel si elle le souhaite.

Ce sont des fruits qui lui permettent d'offrir l'immortalité. Des pommes apparemment. Ce qui n'est pas très étonnant dans la mesure où dans de nombreuses mythologies, ce fruit occupe toujours une place très importante.

Idun est la femme de Bragi, le dieu poète, dont nous avons récemment fait connaissance. Idun est une divinité discrète, mais certains événements l'impliquent dans des conflits contre Loki, qui accuse son mari d'être le meurtrier de son frère.

Loki

Compagnon de route de Thor ou d'Odin, Loki est un dieu plein de malice, farceur, pas toujours dans le bon sens du terme, qui trompe sa mère, son frère et de multiples autres êtres de la mythologie Viking. Il est à l'origine de la mort de Balder, participant ainsi à l'arrivée du premier signe de l'annonce du Ragnarök. Sa particularité est de pouvoir changer de forme et de se transformer à volonté.

Loki occupe une position très ambivalente parmi les divinités, en raison de sa ruse et de sa méchanceté. Il fait preuve d'un manque total d'intérêt pour le bien-être de ses semblables, ce qui est un trait qui lui est propre et unique dans le panthéon nordique. Ce dieu peut

être décrit comme un paria, en contraste avec le modèle vertueux de certains autres dieux. De plus, Loki cherche toujours à s'affirmer en mettant son grain de sel partout. C'est un dieu qui erre, qui change de forme, qui a des relations, souvent destructrices, avec d'autres créatures de la mythologie.

Son nom a suscité un intérêt considérable chez les historiens, car son étymologie n'est pas immédiatement claire. De nombreuses hypothèses ont été émises, mais l'une des plus intéressantes est certainement que Loki signifie "enchevêtrement". Cela montre principalement un aspect du caractère du dieu, il excelle en créateur de réseaux, qui peuvent être compris comme terrain pour préparer des complots, pour mieux tromper les autres et ainsi les forcer à agir à sa guise. Loki peut signifier aussi piège, ce que Loki crée volontiers pour tromper les dieux.

Ce dieu étrange est dépeint comme un lâche égoïste, dévoué aux plaisirs de l'alcool et à l'éviction de ses semblables. N'ayant pas de caractère direct, et plein de détours, personne ne sait exactement où il se situe, et c'est ce trait qui fait de lui une figure, tout aussi complexe que... intrigante, de la mythologie Viking.

Les légendes et mythes liés à cette figure sont nombreux et nous en étudierons certains, au long de cet ouvrage. Tous sont émaillées de tromperies et de crimes. Lors d'un banquet Thor veut le tuer, cet "être abject" dit-il, avec son marteau. Loki continue d'insulter copieusement les dieux en présence, à tel point que Loki est finalement puni, supplicié, lié, à trois rochers à l'intérieur d'une grotte, par les entrailles d'un de ses enfants, avec un serpent au- dessus de sa tête, dont le venin lui brûle le visage.

Loki peut-être vu comme étant une allégorie du mal,
de ce qui est mauvais, pour donner un contre exemple.
Une sorte d'antithèse des valeurs traditionnelles Viking
de l'honneur, telles que la loyauté, l'obéissance, le sens
du devoir et l'altruisme.

Les enfants de Loki méritent que nous nous y intéres-
sions. Extrêmement complexes, leurs légendes seront
abordées à la fin de ce chapitre. Restons pour l'instant
avec les dieux.

Njord, Nerthus, Nerpuz

Membre du clan Vani, Njord est l'un des dieux envoyés
en otage aux dieux rivaux Ases à la fin de la guerre. Il est
le père de Freyr et Freya qu'il a eu avec sa sœur. Il est
marié à Skadi, la géante.

Dieu de la Mer, des Océans et des Vents, il apporte en
mer, une bonne fortune aux navigateurs, qu'ils soient
des guerriers ou des pêcheurs.

Ce dieu est associé à la richesse et à la prospérité. Il n'y
a pas beaucoup de sagas ou de légendes concernant
cette divinité. Je retiendrai ici la légende la plus célèbre
qui lui est lié, évoquant son mariage avec Skadi, une

Jötunn, qui n'a pu choisir son futur mari qu'à la vue de ses pieds.

Leur mariage a été vite troublé, car ni l'un, ni l'autre, ni Njord, ni Skadi, n'apprécie la demeure de l'autre. Un compromis les a fait vivre en alternance, près d'un port, chez Njord, durant six mois, et dans les montagnes enneigées, chez Skadi, pour le restant de l'année.

Odin

L'un des trois dieux d'origine, il est le fils de Bor, avec ses frères Vé et Vili, et de la géante Bestla.

Odin est certainement la divinité la plus importante et la plus fantastique, et la plus vénérable du panthéon nordique, aux pouvoirs inégalés, et, polymorphe, peut changer son aspect. Il est le souverain majestueux d'Asgard et l'immortel le plus vénéré parmi les civilisations Viking. Odin n'est pas seulement un symbole de force et de puissance, mais aussi de sagesse et de connaissance.

Il est le dieu de la guerre, des morts et de la chasse. Du savoir et de la victoire. Également de la poésie et de la magie, ainsi que des prophéties. Il a plus de pouvoirs que tous les autres dieux, notamment parce qu'il est capable de faire de la magie, ayant reçu l'enseignement du seidr.

Il s'exprime en parfait poète ayant bénéficié de l'hydromel de la poésie.

Il est le géniteur des Ases et un personnage très complexe de la mythologie Viking, nous laissant entrevoir tout à la fois, la sagesse ainsi que les émotions humaines, malgré son statut de dieu.

C'est aussi une divinité quelque peu égoïste qui quitte souvent Asgard pour partir visiter les Neuf Mondes et poursuivre ses intérêts personnels.

La particularité de cette divinité est donc qu'elle va à l'encontre du modèle d'honneur du guerrier viking. Au contraire, Odin est fréquemment placé aux côtés des hors-la-loi et des souverains. Dans certaines représentations, nous le voyons même plutôt efféminé, vaguement maléfique et fourbe, un peu comme le dieu Loki.

Alors qui est vraiment Odin ?

Tout d'abord, ce qui frappe immédiatement chez Odin, ce sont ses pouvoirs liés au chamanisme. Son nom en vieux norrois, Óðinn, est formé des deux termes, extase et maître. Ainsi, lui sont liés la magie et les sorts, d'où il tire peut-être sa sagesse. Il est parfois représenté en vieillard, avec un chapeau mou à large bord, évoquant l'aspect d'un mage, énigmatique avec sa longue barbe. Odin est borgne, il a perdu un œil, qu'il a volontairement sacrifié, pour gagner en savoir et en connaissance.

De nos jours, les interprétations du savoir d'Odin le lient étroitement aux conflits et aux guerres, mais il vise à atteindre l'équilibre et la justice divine. Toutefois, de nombreuses sagas laissent à penser qu'Odin est un dieu capable d'attiser les conflits pour son plaisir personnel. Nous pouvons donc dire que ce dieu n'est pas toujours juste dans ces décisions, souvent submergé par des passions ainsi que des émotions typiquement humaines et incontrôlables.

Les caractéristiques les plus fantastiques d'Odin sont bien celles-ci, jugez-en par vous-même.

Odin part fréquemment en voyage, nous l'avons vu. Il chevauche son cheval qui a huit jambes, quatre où chacune est dédoublée, comme il est possible de le voir sur de nombreuses illustrations. Son compagnon de voyage aux pattes si merveilleuses, se nomme Sleipnir. Odin porte toujours avec lui une lance nommée Gungnir.

Dans son palais Valhöll, où se trouve le Valhalla, deux corbeaux lui tiennent compagnie, et lui apportent le soir, en lui racontant à l'oreille, ce qu'ils ont vu dans la journée dans les Neufs Mondes. Hugin, signifiant la pensée, et Munin, signifiant la mémoire, viennent pour cela, se poser sur les épaules d'Odin.

À ces pieds, deux loups magnifiques, Freki et Geri, qui sont en permanence avec lui lorsque Odin est assis sur son trône, nommé Hlidskjalf, duquel il peut tout voir, tout le temps et partout.

Odin possède un anneau magique, qui se multiplie sans cesse, tous les neuf jours, puis par neuf à chaque fois.

Sif

Sif est l'épouse de Thor, la déesse généralement associée à la fertilité, avec de longs cheveux blonds rappelant les éléments de la nature tels que des champs de blé. Le nom de Sif signifie "relation maritale" ou "relation par alliance", ce qui indique son rôle parmi les divinités scandinaves, comme étant la protectrice des terres cultivables.

Un jour, Loki, le dieu qui aime faire des farces, a coupé les cheveux de la belle épouse de Thor, par dépit. Le dieu Thor s'est mis très en colère, et chez lui, cela peut devenir vraiment très grave, et il a menacé de tuer Loki. Finalement Thor force Loki à se "racheter" et lui demande de trouver une solution. Loki pense l'avoir trouvée, et fait exécuter par des forgerons, les nains Brokk et Eitri, un casque en or, recréant ainsi la chevelure coupée, et en a profité pour créer à cette occasion des autres objets magiques. Notamment Skidbladnir, le navire qui peut se plier, Gullinbursti, le sanglier de Freyr. Mais aussi Gungnir, la lance magique d'Odin. Et puis encore Mjöllnir, le

marteau magique de Thor, puis pour finir, l'anneau magique Draupnir, dont nous avons déjà parlé.

Thor

Thor est l'un des dieux les plus connus de la mythologie scandinave. De plus, il est entré dans notre imaginaire collectif du XXe siècle en raison de nombreuses bandes dessinées et autres films. Il est le fils le plus célèbre d'Odin. Il protège l'humanité, et il est dit dans l'Edda de Snorri qu'il est le dieu du tonnerre. Doté donc de pouvoirs non seulement extraordinaires, mais aussi d'une force extraordinaire, Thor est le plus puissant de tous les dieux. L'agilité et la victoire, la valeur et la force, il use et obtient ce qu'il veut avec la foudre, et les tempêtes qu'il peut déclencher. C'est pourquoi il est représenté avec son puissant marteau, Mjöllnir. Cette arme donne à Thor un pouvoir incroyable et sans égal.

Thor a atteint l'apogée de sa popularité chez les Scandinaves à l'ère Viking. Grâce à sa présence dans les écrits, Thor diffuse le modèle du guerrier exemplaire de la tradition nord-européenne. Il est loyal et honorable, grand, blond et beau. Il est l'infatigable défenseur des dieux Ases, souvent impliqué dans des batailles contre des géants. Il est le héros parfait pour cette tâche car il a un grand sens du devoir et sa force physique est pratiquement inégalée.

Le plus grand ennemi de Thor est une créature étrange, qui vit dans les océans qui entourent le monde, qui apparaît fréquemment dans la mythologie nordique. Je veux parler ici de Jörmungand, le très, très grand serpent, fils de Loki qui vit à Midgard, tellement grand qu'il peut se mordre la queue, alors que son corps entoure le monde.

Des affrontements entre le puissant dieu Thor et la créature Jörmungand sont relatés dans l'Edda en Prose, l'ultime combat se termine par la mort de Jörmungand et de Thor, presque simultanément. Ce qui nous rappelle que la tradition de l'opposition d'un dieu face à une créature fantastique est très ancienne, déjà présente dans les croyances des premières tribus germaniques.

Thor est célébré et vénéré par les guerriers qui ont besoin de protection et de réconfort, de bénédictions et de consécration de lieux, d'actes, d'objets et d'événements. Il existe également une tradition consistant à vénérer Thor lors des mariages, non seulement pour demander sa protection, mais aussi pour se souvenir de la légende du dieu qui s'est déguisé en mariée, qui sera abordé plus en détail dans un des chapitres à venir.

Toujours lié au pouvoir protecteur de Thor, le monde agricole auquel il apportait son aide. Il semble que les paysans et les agriculteurs célèbrent et vénèrent avec bonheur, et espoirs, ce dieu, pour que Thor prenne soin des récoltes et, de fait, les aide à vivre dans ces contrés parfois hostiles, de longues journées sombres, le froid, la neige.

N'oublions pas que Thor est aussi le dieu du tonnerre et par conséquent responsable de la pluie et des orages. Sa contribution pouvait sauver les cultures tant de la sécheresse, que des inondations.

Tyr

Tyr est le dieu nordique de la guerre, mais aussi de la justice, de la stratégie, ce qui va de pair et logiquement avec la guerre, de la victoire, ainsi que de la guerre juste.

Pourtant, très présent à l'origine de la mythologie Viking, la "brillance" de Tyr a été quelque peu occultée par le renforcement de la présence d'Odin et de Thor.

Bien que Tyr ne soit pas le premier dieu auquel nous pensons de nos jours, pour les raisons évoquées précédemment, il est intéressant de connaître les grandes lignes des légendes qui lui sont attachées. Tyr est peut-être le fils d'Odin, c'est la version de l'Edda de Snorri. Dans d'autres écrits, notamment l'Edda poétique, il est le fils de Hymir, le géant.

La légende la plus célèbre à son propos, rapporte que Tyr n'a pas hésité à sacrifier sa main, se laissant mordre par Fenrir le loup. La

valeur héroïque de Tyr est un exemple pour ceux qui le vénèrent, son acte ayant pour but de gagner la confiance du loup, afin de pouvoir l'enchaîner et qu'il ne puisse plus sévir.

Tyr, à la lecture de cette légende, occupe aussi le rôle d'un dieu de la justice. La guerre et le droit lui sont profondément liés, aux yeux des Vikings, car les combats sont aussi la manifestation de la recherche d'un équilibre entre les parties prenantes, comme l'équilibre des Neuf Mondes. Tous adhèrent à un ensemble de codes d'honneur. En ce sens, les Vikings considèrent tout conflit comme un affrontement devant être réglementé par la loi, y compris divine. Ne parlons-nous pas aujourd'hui, lorsque nous qualifions les procédures judiciaires, de "batailles juridiques" ?

Le mot "Tuesday" en anglais, "Dienstag" en allemand, qui signifient "mardi" nous rappellent, chaque semaine, l'existence de ce dieu, Tyr-day, Tuesday...

Aussi, et pour terminer sur la présentation de ce dieu, l'iconographie de Tyr est fréquemment un grand homme, musclé, beau, mais... manchot.

Vidar

Vidar, dieu Ase, est le demi-frère de Thor. Tous deux ont le même père, Odin, mais leur mère est différente. La mère de Vidar est Grid, une géante. Le dieu a de nombreux points communs avec Thor, notamment en termes de pouvoirs, et Vidar est étroitement associé au silence, ainsi qu'à la vengeance. Vidar est un dieu silencieux, qui vit dans une forêt. Pour certains, il pourrait même être muet...

Nous ne savons que peu de sa personnalité ou de sa fonction en dehors de son action au cours du Ragnarök. Il est l'un des rares dieux à avoir survécu. Nous savons qu'il a vengé la mort de son père Odin en tuant le loup Fenrir. C'est grâce à cet événement, que nous apprenons que Vidar a des pouvoirs magiques dont il a peut- être hérité du dieu suprême, Odin lui-même.

En effet, pendant le Ragnarök, Vidar porte une chaussure enchantée, qui lui donne une force inarrêtable, avec laquelle il tue Fenrir. Il a donné un violent coup de pied à Fenrir, dans la mâchoire inférieure, puis, avec la chaussure, il a bloqué les mâchoires grandes ouvertes, et acheva le loup d'un coup d'épée dans la gueule. Dans une autre version, Vidar transperce le cœur de Fenrir, d'un coup fatal.

En dehors de ces écrits rapportant les sagas Viking, nous ne savons pas grand-chose sur Vidar. Le mythe le plus connu est celui de la mise à mort de Fenrir. De nos jours, nous pouvons en retrouver une interprétation, gravée sur une croix, dans le cimetière de Gosforth, dans le nord de l'Angleterre. Des antiquaires ont remarqué, dans les années 1880,que des scènes de l'Edda qui y sont gravées, de façon très élaborée, avec entre autres, Fenrir périssant sous les coups de Vidar. Sur une autre croix, celle de Kirk Andreas, à voir sur l'île de Man, Vidar est illustré, donnant un coup de pied dans la mâchoire du puissant loup.

Ymir

Ymir, comme nous l'avons déjà vu dans le chapitre traitant de la cosmogonie, est le premier géant hermaphrodite à avoir vu le jour et à donner naissance à d'autres êtres vivants.

Pour un petit rappel, court, Ymir est décrit comme un hermaphrodite qui peut se reproduire de manière asexuée. Les créatures qu'il engendre sont formées de ses jambes et des gouttes de sa sueur. Le fait qu'il n'a pas de sexe distinct indique encore plus sa caractéristique universelle... Nous retiendrons son non-être, son informalité.

Il est donc l'ancêtre à des géants, ainsi qu'à des dieux, né de la rencontre du feu de Muspelheim et de la glace de Niflheim, le fondateur de la race des Jötnarr. Les premiers divinités, descendant de Ymir, les fils de Bur, petits-fils de Buri, les dieux Odin, Vili et Vé, en suivant l'initiative d'Odin qui a convaincu ses frères, l'ont tué et

ont pris des éléments de sa dépouille mortelle pour amorcer et poursuivre la création des Mondes.

Ymir est la personnification du chaos avant la création, mais aussi de la création elle-même. C'est une forme de démiurge nordique. Les Vikings le décrivent comme une figure vide, sans traits, toutefois le personnage semble doté d'un caractère plutôt irascible. Son visage contient, pour certain, de l'obscurité, étant aussi considéré comme l'être avant le devenir. Ymir, étant le chaos sans forme d'où tout provient et son comportement brutal a donc fini par énerver sérieusement Odin.

Vali, Ali

Vali est un dieu Ase, né d'Odin et de la géante Rindr, qu'Odin aurait violée. Il faut mentionner ici que Rindr est la créature qui a vengé la mort de Balder.

Loki, le dieu farceur, a envoûté Hodr, afin que ce dernier tue Baldr. Et il est mentionné dans l'Edda, que Vali a été engendré spécialement pour accomplir cet acte de vengeance.

Cependant, nous disposons d'un récit qui le décrit, après avoir accompli sa mission, comme étant l'un des rares survivants de Ragnarök. Il semble que même son nom indique sa tendance à se battre, puisque Vali signifie, "argumenter", mais aussi "celui qui se dispute". Les deux seuls épisodes qui permettent d'observer l'apparition de Vali dans la mythologie scandinave, le voient combattre quelqu'un.

Avant d'aborder le Ragnarök, il est toutefois d'ores et déjà important de préciser ici que la mort de Baldr est l'un des signes indiquant que le Ragnarök est proche, et qu'il va, avec une succession de différents signes, débuter.

Forseti

Forseti est une figure plutôt discrète de la mythologie Viking. Il n'est mentionné que deux fois dans la littérature qui est attachée à cette

ère. Nous le retrouvons dans l'Edda, où sa maison opulente, appelée Glitnir, est décrite. Ce dieu est directement lié à la justice, et qui dit justice, dit... réconciliation, dont il est également le dieu. Comme son nom signifie "celui qui préside", sa demeure est aussi un tribunal, que Forseti préside et les dieux qui sont en conflit peuvent venir s'expliquer devant lui. Il a la réputation de régler les litiges et de rétablir l'ordre, au moyen de compromis et de médiation.

Toujours dans l'Edda de Snorri, Forseti est dit être le fils de Baldur et de Nanna. Il existe un autre ouvrage dans lequel Forseti est mentionné, à savoir la Vie de Saint Willibrord, (Vita Sancti Willebrordi) rédigé par Alcuin, datant du VIIIe siècle, vers les années 790. Il est rapporté que Saint Willibrord se rend sur une île située entre le Danemark et la Frise, appelée Fositesland. De nos jours, nous pensons qu'il s'agit de l'île de Heligoland, désormais en Allemagne, au nord-ouest de la pointe de Cuxhaven. L'île, dans son entier, est donc parfois considérée comme un hommage porté à Forseti, mais nous parlons de l'une des théories avancées par des spécialistes, à la véracité non prouvée.

Odr, Óð

Odr est le dieu qui a pour épouse la déesse Freya, déesse de la richesse. Nous ne savons pas grand-chose de cette divinité, mais il y a un aspect très proche d'Odin, dans la mesure où il voyage également beaucoup dans les Neuf Mondes.

Un jour, Odr est parti si loin que Freya, ne le voyant pas revenir, a commencé à pleurer des larmes d'or, qui tombent dans l'eau, se transforment alors en ambre. Les autres dieux ont rapidement pensé Odr mort. Cependant, Freya ne le croit pas, ainsi elle passe de nombreux moments à voyager aussi, car elle cherche son époux. De leur union sont nés deux enfants. Seul Snorri Sturluson mentionne cet aspect de leur généalogie, en indiquant les prénoms des bambins qui sont Gersimi et Hnoss. Deux très belles filles, dont les prénoms, signifiant "joyaux", à eux seuls, évoquent les objets les plus précieux.

Vous avez remarqué que le nom Odin et le nom Odr sont pratiquement identiques, avec la même racine indiquant que tous deux sont des "maîtres". Malheureusement, les événements qui les caractérisent sont opposés et il n'est pas possible de penser que ces deux divinités aient pu être confondues à une époque, ou au long d'une nouvelle tentative d'interprétation.

Les enfants de Loki

Nous ne pouvons terminer cette partie de ce livre, sans consacrer une assez grande partie de celui-ci aux enfants de Loki. Ceci me semble indispensable pour deux raisons essentielles.

La personnalité de Loki est particulièrement intéressante, ainsi que sa généalogie de descendants, mais la plus importante est que, sans certains éléments que vous allez découvrir ici, il est assez difficile, voire impossible de comprendre la suite de cette mythologie, notamment le Ragnarök.

C'est toute la fascination que procure cette mythologie, avec toutes ses imbrications, qui ne la rend compréhensible qu'au moyen d'un avancement méthodique et pas à pas, avec régulièrement des parenthèses de rappel, et des incursions dans l'une ou l'autre des légendes.

Voyons de plus près la "petite famille" de Loki... Bien que nous soyons habitués à reconnaître Loki comme étant le frère de Thor, sa généalogie originelle est en réalité bien différente. En l'appelant frère, rien ne dit qu'il est celui d'Odin, mais qu'il a été adopté par Odin.

Loki est le fils du géant Jötunn, Farbauti, dont l'attribut est la foudre, et de la déesse Laufey, également dénommée Nal, une déesse Ases.

Loki a été marié à plusieurs reprises, ou bien il a eu des liaisons suffisamment longues pour fonder une famille dont il a une paternité certaine.

Ainsi sa première épouse est Sigyn, une déesse Ase et Narfi, Nari ou Narvi, et Vali sont les enfants.

La seconde épouse de Loki est Angrboda, une géante de glace. Les enfants sont Fenrir, Hel, et Jörmungand.

Le troisième conjoint de Loki est Svadilfari, un enfant est né, il se nomme Sleipnir. Oui, à la façon dont je présente ici le conjoint de Loki, vous pouvez supposer que Loki est du sexe féminin, et vous avez raison. Le mystère va s'éclairer bientôt !

Reprenons dans l'ordre.

Le première épouse de Loki est Sigyn, une déesse Ase et Narfi, Nari ou Narvi, et Vali sont les enfants.

Narfi, Nari, Narvi

Narfi, Nari, Narvi est un géant au triste sort, il a été tué par son frère Vali, qui, pour se faire, s'est changé en loup. Tout cela pour punir Loki de quelques crimes qu'il avait commis, mais surtout pour le punir d'avoir manœuvré pour que Baldr soit tué. Les dieux Ases, une fois Narfi mort, prélèvent ses intestins qu'ils vont utiliser pour attacher Loki à une pierre, pour qu'il reste là, en une longue agonie.

Vali

Vali, le frère de Narfi, est changé en loup, selon la volonté des dieux Ases, pour qu'il tue Narfi. La suite de l'histoire, vous la connaissez, elle est condensée dans les quelques lignes qui se trouvent dans le paragraphe précédent. Il serait possible que Narfi et Vali soient des frères jumeaux, mais trop peu de sagas indique cet aspect, c'est pour cette raison que j'emploie ici le conditionnel.

Loki a pour compagne Angrboda, une géante Jö- tunnheim, aux cheveux très longs et à la couleur de sang séché. Son nom signifie "présage de malheur", et elle a donné à Loki, trois enfants.

Hel

Hel, une fille, la déesse des enfers et déesse guerrière, occupe le Monde souterrain Helheim, dont le nom est en relation directe avec le prénom de la déesse qui le garde. Ces quelques lignes uniquement ici, afin que vous puissiez raccorder ici la descendance de Loki, avec la description de Hel que vous avez vu détaillée dans le chapitre consacré aux principaux dieux et déesses.

Fenrir, Fenris

Fenrir, Fenris, ce qui veut dire "habitant des marais" est le frère de Hel, et il est l'un des loups les plus connus des sagas Vikings, dont l'image et le rôle est connu bien au-delà des limites de cette mythologie. De nombreuses pierres runiques ont été trouvées montrant la figure de cette divinité inquiétante et terrifiante, dès que nous comprenons que ce loup est gigantesque...

Ce loup est une créature tellement violente et destructrice que toutes les divinités ont essayé de contenir sa fureur pour l'empêcher de semer le chaos dans les Neuf Mondes. Ils ont donc décidé de l'enchaîner, ce qui est fait en utilisant la ruse, mais la force brute de cette créature détruit ses chaînes à chaque fois et réussit à se libérer à deux reprises.

Ces dieux appellent au secours des Alfes sombres, artisans exceptionnels du Svartalfheim, pour construire

une chaîne plus grande et plus épaisse, totalement in-
cassable et capable de contenir cette furie. Lorsque les
dieux se présentent à Fenrir avec la troisième chaîne,
qui n'a plus l'aspect de chaîne, mais celui d'un ruban,
plus solide qu'une chaîne puisqu'il est magique. Fenrir
ne cède pas puis refuse d'être attaché. Il déclare qu'il
laisse faire les dieux que si l'un d'entre eux a le courage
de placer une main entre ses mâchoires. Personne ne
se présente, sauf Tyr, le dieu nordique

de la guerre et de la justice, ce qui nous ramène au
chapitre consacré à Tyr. Tyr perd sa main, et Fenrir reste
attaché jusqu'au Ragnarök.

Jörmungandr

Jörmungandr, nommé également Midgardsormr, est le
troisième enfant que Loki a eu avec Angrboda, cette
créature est un serpent à qui il est parfois donné la
description d'une tête évoquant celle d'un dragon. Il est
si long qu'il occupe à lui seul l'océan qui se trouve autour
de Midgard, son corps en fait le tour et il peut mordre
sa queue, et, comme de nombreux serpents, ses crocs
distillent un venin mortel.

Grâce à la connaissance de prophéties, Odin sait que les enfants de Loki ne font, en grandissant, que causer des problèmes, Odin jette donc Jörmungandr à la mer, pour tenter de le neutraliser. Mauvaise approche, car... l'océan lui fait du bien sans doute, il grandit, grandit, grandit... Vous connaissez la suite, il peut se mordre la queue, son corps faisant le tour du Monde Midgard, d'où son second nom.

Le troisième conjoint de Loki est Svadilfari

Sleipnir

Sleipnir est un cheval, le fils de Loki qui, pour la circonstance, est sa mère, et de Svadilfari, un superbe étalon. Non, je ne me suis pas trompé, Loki est la mère de Sleipnir.

Voici ainsi de quoi, encore plus, vous étonner !

À la suite d'un pari stupide entre les dieux Ases et le maître de Svadilfari, qui se sont engagés à finir la construction d'une forteresse en moins de six mois, Svadilfari est si puissant qu'il est en bonne voie pour, avec son maître, un géant maître-batisseur, terminer l'ouvrage à temps, voire plus tôt que prévu, car Svadilfari travaille toute la nuit sans s'arrêter à charrier des pierres.

Trois jours avant l'échéance, les dieux voyant qu'ils sont sur le point de perdre, cherchent une ruse pour ralentir le chantier. Et c'est ainsi Loki qu'ils désignent comme étant la cause de leurs tourments. Loki qui a la pouvoir de se métamorphoser, puisqu'il est polymorphe, se charge de mettre en place une ruse. Il se transforme en jument, séduit le bel étalon Svadilfari, puis ils partent tous les deux durant trois jours dans la forêt.

Évidemment, le géant maître-bâtisseur, sans Svadilfari, ne peut finir...

Loki est enceinte et accouche, après sa gestation, de Sleipnir.

Sleipnir, mais vous le savez déjà, est le cheval à huit pattes d'Odin. Odin chevauche Sleipnir pour effectuer ses fréquents voyages à travers les Neuf Mondes.

Voici en conséquence que ce chapitre s'achève. Le monde des sagas de la mythologie Viking est habité, en dehors des géants, des dieux, d'animaux fantastiques, de bien d'autres créatures, que nous allons, ensemble, découvrir maintenant. Les dieux et leurs attributs font les Mondes, et les dieux SONT les Mondes, et avec quelques autres créatures, ces mondes offrent tout ce qu'ils ont de magique, mais également un aspect moralisateur et un destin qui est le vainqueur, par-dessus tout. Bienvenue dans le monde des créatures mythologiques des sagas des Vikings.

Chapitre 5

Les créatures mythologiques

Nous avons déjà mentionné certains personnages mythologiques de ces légendes nordiques, dans le mythe de la création. Cependant, ces créatures doivent être explorées davantage, car leurs histoires suggèrent des traits tout à fait curieux qui rendent la mythologie nordique vraiment intéressante et passionnante, effectivement emplie d'événements inattendus.

Les Nains

Les nains sont initialement des créatures invisibles. Ces personnages ont la particularité d'être d'habiles artisans et de fabriquer un grand nombre d'objets. Y compris magiques. Ce sont des nains qui forgent le puissant marteau de Thor, ainsi que des trésors. Bien que Snorri

Sturluson ait confondu les nains et les elfes, les nains ne sont PAS des elfes, et ne doivent pas être confondus du tout.

Nous avons l'habitude de considérer les nains comme des êtres de petite taille et d'apparence peu agréable. Nous ne sommes pas sûrs que les Vikings ont, de ces créatures, la même vision, car ils les considèrent comme des éléments invisibles, vivant sous terre, dans des petites grottes ou dans des rochers, ou encore dans des tertres, des monticules de terre à partie supérieure aplatie.

Ces nains paraissent très actifs, souvent occupés à tailler et ciseler la roche ou à forger des armes. C'est une catégorie de créatures plutôt silencieuses, dévouées à leur métier.

Il y a peu de choses que les sagas Viking qui nous sont rapportées dans les Edda, nous donnent sur leurs caractéristiques physiques réelles. Cependant, nous savons comment ils ont été créés. Nous avons lu précédemment que les nains sont nés du corps de Ymir, en décomposition et des vers qu'il contient. Ceci est raconté dans l'Edda en Prose. Ce sont les dieux responsables de la mort de Ymir qui donnent la raison ainsi que l'intelligence aux nains.

Quelques nains sont également mentionnés dans l'Edda, comme étant très puissants, Motsognir et Durin, mais aussi la Völuspa donne, sur six strophes, une autre liste exhaustive de ceux qui ont été créés à partir des restes de Ymir. Parmi eux se trouvent Norþri, Suþri, Austri et Vestri, ou Westri, les quatre nains qui soutiennent la voûte céleste et correspondent aux points cardinaux. La Völuspa encore dénombre en tout une soixantaine de nains, indiquant leur lieu d'habitation, terre, pierre, etc.

Il ressort, néanmoins, de l'étude de leurs caractères, une certaine ambiguïté morale. Les nains apparaissent égoïstes, avides et rusés, créateurs fabuleux d'objets magiques, ils sont aimables, font des cadeaux aux dieux, mais peuvent être maléfiques. Justement, en parlant de maléfiques...

Un exemple est l'histoire de Fjalar et Galar, deux nains ayant cette triste réputation. Ils apparaissent dans l'histoire de l'hydromel de la poésie, comme étant les meurtriers de Kvasir, la créature possédant une sagesse parfaite, née de l'union de la salive des deux clans de dieux.

Après l'avoir tué, ils ont drainé son sang, l'ont mélangé à du miel et ont ainsi préparé l'hydromel de la poésie, une boisson magique qui transforme n'importe qui en un poète au talent exceptionnel. Un jour, ils assassinent le géant Gilling et son épouse, l'un en le noyant, l'autre en lui fracassant le crâne avec une meule. Le fils du couple Gilling, Suttung, ou Suttungr, ne les voyant pas revenir, part à la recherche de ses parents puis, lorsqu'il découvre leur fin cruelle, décide de se venger des deux frères nains. Cependant, ces derniers lui offrent l'hydromel magique en échange de leurs vies. Suttungr prend l'hydromel, le cache au cœur d'une montagne, plaçant sa fille, Gunnlöð, Gunnlöd, comme gardienne.

Un autre personnage nain remarquable est Alviss, littéralement " omniscient ". Il est surtout connu pour un épisode impliquant Thor.

Un beau jour, Thor veut jauger l'intelligence et estimer la capacité du nain à répondre à ses questions. En effet, la fille du dieu doit se marier avec cette créature et le père souhaite le tester avant le lever

du soleil. Thor demande donc à Alviss, qu'en raison de sa taille limitée, il n'aurait à prouver que sa sagesse. Il suffit à Alviss d'énumérer tous les éléments de la nature par leur nom. Alviss accepte de répondre, ce qu'il fait correctement. Thor le soumet alors à d'autres épreuves jusqu'au lever du soleil. Au petit matin, c'est un sans faute pour le nain, ayant accédé à toutes les demandes de la divinité, mais il est transformé... en pierre !

Selon la légende, les nains sont pétrifiés lorsque le soleil se lève, et qu'ils sont frappés par des rayons.

Les Elfes

Les elfes aux noms multiples, álfar, álfr au pluriel, elfen, elver, sont apparus dans les écrits anciens liés à la mythologie scandinave, avec des descriptions faites en vieux norrois, la langue de la région nord de l'Europe, et de cette époque, le Moyen Âge, utilisée jusqu'en 1350 environ.

Ainsi, les plus anciens manuscrits mentionnent des elfes les décrivant comme des créatures bienveillantes, légendaires, anthropomorphes, des divinités mineures de la fertilité ainsi que de la nature.

Il est indispensable ici de faire un point très précis à propos des elfes et des nains. Des scientifiques ayant étudié de très près les textes anciens et plus particulièrement ceux de Snorri Sturluson, ont mit clairement en évidence que ce dernier a confondu, purement et simplement, des Elfes noirs, qui sont gardiens de trésors et forgerons, avec des Nains, qui peuvent avoir également cette profession.

Il n'en est rien. Les elfes sont des elfes, et les nains sont des nains, et ces deux groupes d'êtres vivants sont bien existants et bien distincts.

Les elfes sombres occupent le Svartalfheim, vivant sous ou dans la terre.

Les nains sont dans le Nidavellir.

Les elfes lumineux occupent, quant à eux, le Álfheim, et sont "plus beaux que le soleil à regarder".

Les Vikings, et les peuples scandinaves en général, se méfient des elfes noirs et des nains, et ils ont raison, car ceux-ci sont généralement maléfiques. Les elfes clairs sont grandement appréciés, car ils sont bénéfiques.

Les elfes peuvent être pleinement considérés comme des demi- dieux, le terme de divinité mineure convient mieux. Il existe deux types différents d'elfes dans la mythologie nordique, les Dökkálfar, ou elfes sombres, et les Ljósálfar, ceux qui sont associés à la lumière, plus précisément les elfes lumineux. Des elfes très contrastés donc, autant dans leur classification que dans leur opposition, tout comme l'opposition que nous observons dans les mondes, dans les dieux et autres créatures peuplant cette mythologie.

Les Ljósálfar et les Dökkálfar sont attestés dans l'Edda en prose, rédigée par Snorri Sturluson, et dans le poème en vieux norrois tardif Hrafnagaldr Óðins.

De nombreux spécialistes ont élaboré des théories sur l'origine et les implications de ce concept dualiste.

Les Dökkálfar sont décrits comme ayant les mêmes caractéristiques que les nains, si ce n'est plus inquiétants encore.

Les Ljósálfar, quant à eux, sont décrits comme possédant les plus beaux attributs d'intelligence, de beauté et de créativité, à tel point que certaines sources font état d'une certaine confusion entre elfes et dieux. De plus, certains récits montrent une certaine ambivalence dans la relation entre les elfes et les humains. Nous avons connaissance, au long de textes anciens, d'unions entre les deux peuples, dans lesquelles les enfants qui naissent sont des créatures mi-mythologiques, mi-mortelles. Nous savons également que ces entités, s'entendant ici les elfes en général, peuvent avoir le pouvoir de provoquer des maladies, mais aussi de les guérir.

Dans certaines versions des mythes, il nous est raconté même que les elfes eux-mêmes provoquent les maladies, sous forme de ce que nous appelons aujourd'hui un virus. Ces "virus" se manifestent lorsqu'une blessure de flèche s'infecte. Dans ce cas, il est expliqué dans des textes anciens qu'il s'agit d'une attaque d'elfe, le terme "elf- shot" apparaît pour la première fois dans un poème écossais, "Rowlis Cursing", datant d'environ 1500, dans lequel ce terme est associé à une malédiction.

L'idée que les elfes peuvent en quelque sorte avoir un certain pouvoir sur la ou les maladies, en les distribuant ou en les guérissant, est tenace et perdure durant des siècles.

Accompagnées de beaucoup de poésie, les histoires mettant en scène des elfes nous indiquent que par matin brumeux et à l'heure où se forme la rosée, dans les prés, nous pouvons les voir danser. Le témoignage de leur présence sont des cercles laissés sur le sol, qui s'appellent des älvringar. Mais attention, vous, humain, danser au milieu d'un cercle peut vous donner des maladies !

Les Trolls

Dans cette mythologie scandinave qui foisonne d'être étranges et en tous genres, voici le moment venu de parler des Trolls.

Un troll est tout d'abord un être qui incarne des forces, notamment celles de la magie, et celle de la nature, en opposition aux forces des dieux et aux forces des hommes. Les trolls sont souvent confondus avec les Jötunns, les géants. Ce qui se comprend puisque les trolls peuvent être extrêmement grands, voire géants !

Ils vivent dans les forêts et les montagnes, ou dans des grottes profondes ou sous terre. Certains sont grands, comme décrit ci- dessus, cependant d'autres peuvent être petits. Naïfs, malfaisants, hostiles... Est-ce la chrétienté qui les a ainsi "diabolisés" ou bien, ont-ils vraiment toujours été si méchants que cela ?

Du temps des Vikings, ils sont fréquemment associés à l'exploitation minière, les Scandinaves pensent, de façon relativement poétique, que certaines montagnes ont été créées par des trolls empilant de grosses pierres les unes sur les autres.

Les trolls sont confondus avec les nains, et la propagation orale des traditions de la mythologie nordique, transposées par écrit, et postérieurement à l'époque Viking a certainement beaucoup influencé notre vision actuelle des trolls.

Les trolls sont parfois confondus avec les nains et cela provient de l'une de leurs caractéristiques, notamment le fait qu'ils se transforment en pierre lorsqu'ils sont frappés par la lumière. Pour résumer, les trolls, comme les nains, sont des créatures principalement nocturnes, vivent sous terre, dans des endroits sombres tels que des grottes, s'adonnant à l'artisanat et à l'excavation.

Selon certaines versions de légendes, seuls les enfants peuvent voir les trolls. Cette caractéristique et le fait que ces créatures puissent kidnapper des enfants peuvent nous faire penser que les trolls sont des créatures imaginées par les parents, pour amener leurs enfants à adopter un comportement moins turbulent, devenant sages sous la menace de la venue d'un troll.

Il nous est même raconté que des créatures de ce genre enlèvent des enfants à leur famille pendant qu'ils dorment et, en substitution, placent un bébé troll dans le lit du nourrisson volé. Nous pouvons penser que cette légende est liée à la naissance d'enfants difformes.

Quelques caractéristiques vaguement amusantes de ces créatures, qui nous ont été rapportées au fil des siècles, peuvent être leur mauvaise odeur, leur gros nez et leur taille variable, qui suggèrent qu'elles sont propices à la création de certains contes de fées pour enfants, qui contiennent parfois, bien des... horreurs !

L'apparence d'un troll est tout sauf sympathique. Inquiétant, le troll dégage, de sa vision, méchanceté et stupidité. Un troll est une

créature rude, hirsute et grossière avec un grand nez et occasionnellement une queue. Il n'a probablement que quatre doigts à chaque main et pied.

Au fil des légendes, les trolls sont semblables aux ogres ou bien ressemblent à des êtres humains. Ils peuvent y être décrits comme des créatures tantôt bénéfiques, tantôt maléfiques.

Le Kraken

Le kraken est un monstre aquatique similaire à une pieuvre géante, qui occupe les mers autour des pays scandinaves. Il se révèle très présent dans les légendes de ces régions, ils se cachent souvent sous la surface de l'eau, trompant les marins en leur faisant croire que leur tête est une île. Les marins s'approchent alors, pour être surpris par les tentacules de ces créatures géantes.

Il est important d'intercaler ici une réalité certaine, l'observation de véritables calmars géants. Et lorsque nous disons géants, vous serez sans doute d'accord. Imaginez un calmar de treize à quinze mètres de long, tentacules comprises. Vivant réellement, et normalement, à des grandes profondeurs, ils sont parfois repérés à la surface. De là à penser qu'ils peuvent "attaquer" des navires, le pas peut rapidement être franchi.

Revenons aux Vikings...

Le nom de kraken n'est présent dans aucune saga scandinave !

Cependant, certaines sagas évoquent un énorme monstre marin, capable d'avaler, sans distinction, des hommes, des bateaux et des baleines. Le mythe du Kraken est très répandu parmi les peuples du Nord et est parvenu jusqu'à nous essentiellement inchangé. Les marins l'ont probablement créé pour expliquer la disparition inexpliquée de navires, de compagnons de bord ou de phénomènes étranges dont ils sont régulièrement témoins en mer.

Deux monstres marins, Lyngbakr et Hafgufa sont décrits dans la saga d'Örvar Oddr, une œuvre trouvant son origine vers 1250 en

Norvège.

Tous les autres krakens dont vous pouvez entendre parler appartiennent non pas à la mythologie scandinave, mais à des contes et légendes de différents pays et de différentes origines, mais postérieurs à l'époque qui nous intéressent dans ce livre.

Le Fossegrim

Le Fossegrim, qui appartient plus au folklore qu'à la mythologie, porte une quantité incroyable de différents noms. Nixe, nec, neck, nikkor, strömkarlen, nikke, et le dernier que je citerai ici, nykr, qui a la particularité de désigner également l'hippopotame. Le mot Fossegrim est typiquement et exclusivement norvégien.

Cet être est une créature aquatique, folklorique, parfois génie, parfois nymphe, qui a un talent inné pour la musique et la danse, qu'il apprécie particulièrement. Il ne s'agit pas d'une entité dangereuse, comme son apparence pourrait le suggérer, mais d'une figure humanoïde très fine, arborant une peau blanche. Ses cheveux sont longs, mouillés, cet être se tient près des rivières, des lacs et des étangs, prêt à enseigner ses compétences aux passants. Tout ce qu'il demande en retour, c'est une offrande, un sacrifice, un repas.

Les Esprits de la terre, Landvættir

Les Landvættir appartiennent à la mythologie Viking. Cependant, ces Landvættir sont pareillement à trouver dans les traditions druidiques écossaises. Toutefois, il m'a paru intéressant de placer dans ce livre quelques lignes à leur sujet, car les Landvættir incarnent en quelque sorte, une cohésion entre la mythologie Viking, et autres influences des régions scandinaves et nordiques.

Les esprits de la terre sont des créatures qui vivent dans le sol. Leur mission est de préserver ces espaces pour que les plantes poussent, que le sol soit fertile, qu'il

porte des fruits, etc. Avec les humains, malheureusement, ils peuvent avoir une relation

particulière, plutôt ambivalente. Ils peuvent jeter des
malédictions ou des bénédictions sur toute personne
qui passe sur leur territoire, selon la façon dont elle se
comporte.

En général, nous pouvons dire que leur rencontre se
traduit souvent par de la férocité, car ils défendent leur
territoire de toutes leurs forces. Ils tolèrent rarement les
mauvais traitements et le déshonneur.

La présence de ces créatures dans les cultes nordiques
nous permet de comprendre pourquoi les peuples du
Nord avaient cette liaison étroite à la terre. Par exemple, le premier code de loi islandais, datant de 930,
ordonnait à quiconque mettant le pied dans le pays de
retirer les têtes de dragons présentes sur les bateaux,
car pouvant effrayer les esprits de la terre et les pousser
à commettre des actes destructeurs contre les humains.

Nous ne savons pas si ces créatures sont clairement
séparées des nains et des elfes. Selon certaines descriptions, il n'y a pas de différences particulières. Comme
pour les elfes, le culte des esprits de la terre s'est pour-

suivi longtemps après la conversion des peuples germaniques au christianisme. Il ne faut pas oublier que la seconde source de revenus des peuples du Nord, après les raids, sont l'agriculture, et le respect de la nature est au premier plan, dans les perspectives éthiques et morales de ces civilisations.

Les Ancêtres

La vénération des ancêtres est une pratique partagée par presque tous les peuples païens, y compris dans les croyances anciennes nordiques. Le propre de ces croyances est... de rester au stade de croyance, c'est-à-dire dans l'esprit, sans lieux de culte, sans dogmes, et surtout sans prêtre, ni pasteur, ni opérateur religieux.

Dans les figures spirituelles des ancêtres résident la sagesse, l'histoire et la profondeur. Les ancêtres, bien sûr, sont les morts, ceux qui ne sont plus là et qui ont toujours une relation avec le monde terrestre, au moins celle voulue par les vivants.

Les esprits des ancêtres restent dans la mémoire collective de la communauté et sont censés accorder des bénédictions à la terre et aux personnes dans le monde des vivants. Il a longtemps été pensé que ces ancêtres

assurent la fertilité de la terre. Cette idée provient probablement du fait que la décomposition des corps entraîne la naissance de plantes ou d'arbres et donc d'une
nouvelle vie.

Ces entités sont non seulement capables d'apporter des
avantages à l'agriculture, mais aussi d'aider les êtres
humains. Les rites funéraires sont en conséquence
très importants dans la culture nordique. Il existait diverses coutumes, notamment celle de maintenir des
cimetières à proximité des villages afin de bénéficier du
soutien des morts. Ou, dans certains cas, une forme
d'embaumement était pratiquée afin que la fortune
d'une certaine personne vivante se poursuive après la
mort, l'idée étant développée à partir de croyances de
surnaturel.

L'appui sur des ancêtres est nommé "eiginn mattr ok
megin", il permet aux Vikings de ne pas êtres fatalistes,
mais de combattre et de vivre afin de maîtriser leur
destin, au besoin, en déplaisant aux dieux.

Les Valkyries

Les Valkyries sont peut-être plus connues grâce aux
compositions de Richard Wagner, plutôt que par leur

importance dans la culture populaire. Cependant, ces créatures féminines, qui sont également des divinités mineures, appartenant au groupe des Dises, suscitent encore la curiosité de nombreux chercheurs.

Elles servent Odin, le maître incontesté de tous les dieux. Les Valkyries, portant armure, sont des femmes élégantes et nobles, souvent représentées portant la coiffe ailée d'Odin et même ses propres vêtements. Elles sont des assistantes, des servantes, des combattantes, toujours aux côtés du dieu, occupant avec lui une partie de son palais. Leur tâche, outre celle d'assister Odin dans les transferts, est d'accompagner les guerriers morts dignement au Valhalla.

Le mot Valkyries signifie "qui sélectionne les morts" ou bien "qui choisit les morts" et sont des créatures dotées de pouvoirs magiques capables de décider non seulement du cours de la vie d'un guerrier après sa mort, mais aussi de son destin au combat, ainsi que de son lieu de résidence après sa mort. Les Valkyries emmènent l'âme de tout héros qui le mérite vers le Valhalla, dans le palais d'odin, où ce combattant héroïque va devenir un Einherjar, un élément qui avec d'autres, va constituer une armée. Les Einherjar combattent au corps à corps. Pour accéder au Valhalla, tout combattant doit être mort dans un combat glorieux et l'arme à la main.

Les Valkyries participent activement au Ragnarök, se battant aux côtés d'Odin.

Les Nornes

Dans la mythologie, ces figures spirituelles sont des femmes capables de créer et de contrôler le destin de l'ensemble de tous les occupants des Neuf Mondes. Elles ont donc un pouvoir qui leur permet de donner un cours différent aux événements, selon leur bon vouloir. Pour les anciennes civilisations Viking, ce n'est pas le libre- arbitre des hommes, la causalité ou le hasard qui déterminent le cours des choses, mais les Nornes, qui, lors de la naissance d'un enfant, fixent son avenir, de façon malveillante ou bienveillante.

Presque tous les êtres sont soumis au destin, même les dieux. Le destin est de ce fait l'entité la plus puissante de toutes, incontrôlable sauf par les Nornes. Ce sont les seules créatures dont la vie n'est pas déterminée par le destin, car ce sont elles qui l'ont façonné.

Les Nornes sont un groupe de femmes très sages dotées de capacités magiques inégalées, même par le

dieu suprême Odin, et sa magie, Elles vivent au pied d'
Yggdrasil, l'Arbre Monde.

Ces Nornes, est il dit, gravent sur cet arbre le destin
de tous les habitants. Dans une autre légende, la vie
des gens est représentée par des fils attachés à l'Arbre
Monde. Lorsqu'un être humain doit mourir, le fil est
coupé.

Les Nornes sont nombreuses, comme en témoignent
des descriptions diverses de Nornes. Certains récits,
cependant, n'en retiennent que trois, qui sont présen-
tées comme étant les principales et bien supérieures en
pouvoir à toutes les autres.

L'une est nommée Urd, elle est âgée et personnifie le
Passé, un terme qui, à cette époque, signifiait également le destin. La seconde est d'un âge moyen, Ver-
dandi, qui symbolise le présent. Il ne nous manque que
Skuld, la troisième Noren, qui, vous l'avez deviné, concrétise l'aspect du futur. Ces trois entités vivent près
d'un puits, appelé Urðarbrunnr, ce qui traduit, nous
donne le "Puits d'Urd", le puits du destin, qui est situé
au pied d' Yggdrasil. Les trois nornes sont chargées
d'arroser l'Arbre, et de soigner ses racines, afin qu'il ne
dépérisse jamais.

Les Trois Nornes sont aussi trois puissantes Jötunns, des géantes, dotées de forces impressionnantes, dont l'arrivée met fin, avec leur capacité d'influencer le destin, y compris celui des dieux, à ce qui est appelé "l'âge d'or des dieux".

Les Draugrs, draugur

Les draugrs, en raison des multiples interprétations de ce mot, notamment, illusion, mort-vivant, mirage et même fantôme, peuvent être considérés comme des créatures vampiriques de la mythologie nordique. Ils se nourrissent de sang humain et sont des créatures effrayantes, cadavériques et en décomposition. Elles sentent le mort et sont donc reconnaissables même lorsqu'elles sont éloignées.

La raison pour laquelle un mort reste, non pas en vie, mais "actif", sous un déguisement effrayant est liée au fait que, de son vivant, il n'était sans doute guère respectable ou valeureux. Dotés d'une force surhumaine et ont la particularité de pouvoir doubler leur taille ou même rétrécir.

Ces créatures vivent souvent dans leurs tombes, des tumulus, où elles défendent le trésor avec lequel elles ont été enterrées. Il est en effet courant chez les Vikings d'enterrer les morts avec leurs effets

personnels, leurs armes et leurs bijoux. Par conséquent, des épisodes de pillage de tombes ne sont pas rares non plus.

Selon l'une ou l'autre des légendes, les Draugrs peuvent pénétrer dans des communautés pour effrayer les vivants, fréquemment en tourmentant ceux qui leur ont fait du mal dans la vie. Ils tuent ensuite les humains en les privant de leur sang, en mangeant leur chair ou en les écrasant. Les Draugar envahissent également les nuits des gens, au moyen des cauchemars des gens, leur laissant ensuite une sorte de témoignage, qui peut être raconté le lendemain, dans la vie réelle, pour montrer qu'ils sont passés et ainsi effrayer la pauvre victime, ainsi que ceux qui écoutent les histoires effrayantes de ses rêves.

Les Draugrs peuvent être tués et subir une seconde mort, pour éviter cela, les personnages des mythes, lorsqu'ils y sont confrontés, les détruisent ou les font brûler.

Les Dises, Disir

Un petit complément ici sur ce que nous avons lu d'elles... Les Dises sont des divinités féminines très mystérieuses, comparables aux Nornes et qui semblent ennuyer tous ceux qui entrent en contact avec elles. Il est impossible de séparer clairement les Dises des autres types d'êtres spirituels reconnus par les anciens peuples germaniques. La description de leur existence peut les faire coïncider avec certains aspects des Valkyries. Dans certaines versions de légendes, les Valkyries sont appelées les Disir d'Odin.

À part cette acception, une autre explication peut trouver place ici, Dis, et par extension Dises ou Disir, peut être considéré comme un titre, telle une déesse ou une dame. La preuve peut se trouver avec la déesse Freyja, la "Dise des Vanes" qui porte également le nom de Vanadis.

Tout comme pour les Valkyries, la personnalité des Disir est assez ambiguë, tantôt bienveillante, tantôt malveillante. Comme les Valkyries, leur mission est de protéger un être ou un objet. Peut-être

qu'en raison de cela, les Dises ont tendance à être très promptes au combat.

Chapitre 6

L e Valhalla

Valhalla est l'au-delà, dans la mythologie Viking. Ce peuple a des idées et des concepts particuliers sur la mort, la vie après la mort et la transmigration de l'âme. Pour citer un exemple, Snorri nous parle de quatre mondes qui accueillent les morts. Cependant, nous pouvons penser que sa vision est influencée par la culture chrétienne, qui a tendance à diviser l'au-delà en enfer et paradis.

En description préalable, nous pouvons retenir que le Valhalla est un lieu qui accueille les valeureux guerriers morts au combat. Le Valhalla est une grande salle qui se trouve au sein même de Ásgard, précisément à Gladsheim, dans le Monde dans lequel règne et habite Odin.

Les Valkyries, parties sur les champs de bataille, choisissent les défunts les plus braves, car ils vont pouvoir
continuer à s'entraîner, en vue de former des combattants qui forment les escadrons de la bataille finale, le
Ragnarök.

Dans le Valhalla, lieu largement mentionné par Snorri,
sont amenés les guerriers morts au combat, nommés
dorénavant Einherjar. L'autre nom de ce lieu particulier
est "La salle d'Odin", car c'est le lieu où Odin resta assis
sur un trône, où les braves guerriers défunts peuvent se
tenir à ses côtés, pour festoyer.

Ce Valhalla est véritablement extraordinaire, représen-
tez-vous un immense palais, possédant six-cent-quar-
ante portes, ses descriptions le perchent souvent en
haut de montagnes escarpées et laissent voir une archi-
tecture extravagante.

Le Valhalla apparaît dans toutes les œuvres écrites ma-
jeures de la tradition Viking. Peut-être qu'une forme
de paradis réservé aux héros est apparue dans les
sagas, pour, en quelque sorte, conforter la vaillance et
la promptitude au combat de ces peuples.

Nous avons déjà vu à plusieurs reprises la notion de contraire et de complémentarité dans cette mythologie. Le Valhalla n'échappe pas à la règle. Son "opposé" est Folkvang, ou Folkvangr, commandé et

surveillé par Freya, ce lieu étant une salle située dans son manoir nommé Sessrúmnir.

Pour quelque raison obscure, des guerriers sont accueillis là, mais, sans que nous sachions véritablement pourquoi, arrivant ici, car ceux-ci ne pourront jamais prétendre au Valhalla.

L'hypothèse la plus courante qui est pour l'instant retenue est que, tous les combattants qui sont morts sur un champ de bataille sont accueillis soit dans le Valhalla, soit dans le Folkvang. En quelque sorte, un partage pour moitié, s'effectue, entre Odin et Freyja.

Ceux qui vont chez Odin et dans le Valhalla, sont des guerriers participant à des batailles pour attaquer, c'est-à-dire avec des actes offensifs.

Et ceux qui vont chez Freya, dans le Folkvang, sont ceux qui ont combattu, tout aussi bravement, mais dans des positions de réponses à des attaques, autrement dit en défense.

Les héros qui entrent dans le Valhalla gagnent l'immortalité, ou plus précisément, la capacité de résurrection.

Le voyage de l'âme vers le Valhalla

La tâche de choisir les héros dignes de franchir les portes du Valhalla est confiée aux Valkyries, les aides féminines d'Odin. Elles sont représentées armées d'un bouclier et d'une lance et chevauchent dans les airs pendant les batailles pour attraper les esprits des héros méritants et les conduire dans la salle d'Odin.

Il n'y a pas de code explicite du combattant. En effet, il n'y a pas de code moral que le héros doit suivre dans la vie afin de pouvoir, ses jours sur terre finis, parvenir au Valhalla. Odin confirme le choix de ceux qui en sont dignes, pour former son armée de soldats compétents et fin prêts pour le Ragnarök.

Dès qu'une âme quitte son corps et entre au Valhalla, elle doit traverser à la nage la rivière Thund, dont le nom signifie "la mugissante". Après avoir nagé, arrivant sur l'autre rive, le héros se

trouve devant une des innombrables portes de ce palais, Valhöll. La porte s'appelle Valgrind, gardée par un loup, puis au-dessus, en poste de surveillance, plane en permanence un aigle.

Seuls les guerriers, sélectionnés de façon rigoureuse, peuvent franchir ce seuil et entrer dans l'immense salle, aux murs faits de lances des plus valeureux guerriers, au toit couvert de boucliers d'or représentant des scènes de guerre, aux bancs garnis d'armures et à la décoration intérieure faite des vêtements des combattants.

La salle qu'Odin met à disposition des guerriers peut être considérée comme une forme de musée pour les combattants qui ont fait preuve de courage et qui méritent donc de se souvenir de leurs exploits. Ce lieu, improprement appelé "paradis" est toutefois une forme de récompense pour la démonstration de la vaillance au combat. Le Valhalla ne doit pas être considéré comme un paradis au sens chrétien du terme, où les âmes jouissent de la félicité et de la vie éternelle. Il s'agit plutôt d'un lieu où l'on continue à se battre, à s'entraîner et à forger des armes, en vue du Ragnarök.

La beauté de ce qui se passe dans ce Valhalla est que personne ne meurt au combat. Au contraire, après chaque combat, les blessures se cicatrisent, les membres se reconstituent et les champions ressortent complètement guéris, ou ressuscités, prêts à se régaler de viande de sanglier et à boire de l'hydromel, le tout produit en très grande quantité par un sanglier sacré et une chèvre nommée Heidrun qui, elle aussi, est sacrée.

Le Valhalla, en revanche, est considéré comme une forme de monde auquel chacun aspire tout au long de sa vie, car il reflète parfaitement l'idée que les Vikings se font de l'existence, fondée sur la guerre, la vaillance et l'art militaire.

Culte funéraire pour l'accès au Valhalla

Pour tout Viking combattant ou partant pour des raids, sur terre, le Valhalla est considéré comme un monde auquel chacun aspire, tout au long de sa vie, de pouvoir s'y rendre, juste après sa mort, car

l'idée et l'espoir, incarnent parfaitement l'image de ce que tout Viking se représente de son existence, et de la prolongation de celle-ci, fondée sur la guerre, la vaillance et l'art militaire.

Les Vikings croient réellement à l'existence d'une vie après la mort, comme le confirment les récits et les découvertes archéologiques. L'œuvre de Snorri Sturluson témoigne également d'un culte répandu dans toutes les civilisations depuis les temps primitifs. Les Vikings, comme bien d'autres peuples, enterrent les morts avec leurs biens, armes, chevaux et bijoux, afin de leur permettre de pouvoir accéder plus facilement à l'au-delà.

Un rituel très particulier est décrit par Ahmad ibn Fadlan, un grand voyageur et lettré, écrivain arabe d'Irak, du Xe siècle qui a écrit Risala, un récit de voyage après une rencontre avec des Scandinaves qu'il nomme Rūs ou bien encore Rūsiyyah. Cet ouvrage relate diverses coutumes de ces peuples scandinaves, dont celle de célébrer les morts jusqu'à deux semaines d'affilée, puis de les enfermer dans un navire avec une partie de leurs richesses et une esclave violée ensuite sacrifiée. Après la crémation, les cendres des deux personnes sont enterrées. Ce traitement semble toutefois réservé aux hommes illustres, afin qu'ils puissent avoir une vie éternelle et glorieuse après la mort.

Parfois, des navires entiers sont enterrés sans être brûlés au préalable, tandis que dans d'autres cas, des chambres funéraires sont placées sous des monticules de terre, entourés de pierres alignées, évoquant la forme de navires ainsi que l'esprit, toujours présent, de la guerre.

Le culte funéraire et le souvenir paraissent être fondamentaux dans la religion viking, que l'âme ait atteint le Valhalla, Hel ou d'autres mondes. Des pierres runiques sont érigées pour les morts, comme s'il s'agissait de cimetières où d'un lieu inspirant à la célébration des ancêtres.

Chapitre 7

Le Ragnarök

Le Ragnarök est la destruction "apocalyptique" du cosmos et, avec lui, des dieux. C'est le plus important chapitre des légendes Viking, marquant, dans la ligne directrice de toute eschatologie, la façon dont se passe la fin de l'univers.

Le Ragnarök est le duel final entre les dieux et les géants, dans lequel personne ne survit et où le ciel et la terre brûlent dans un soubresaut final.

Rassurez-vous, si le Ragnarök était une fin définitive, eh bien... ni vous ni moi ne serions là !

Donc, comme nous le verrons plus loin, selon certaines versions des légendes, le Ragnarök n'est pas la fin totale du monde, mais seulement la fin d'un ancien, qui est suivi d'une renaissance. L'univers, ainsi "purifié", peut commencer un nouveau cycle cosmique.

Les Vikings croient véritablement que tôt ou tard, le cosmos va finir par s'effondrer. Ils n'ont jamais mentionné de date précise pour cet événement, il s'agit d'une prophétie de ce qui va se passer dans le futur.

Rappelez-vous que les Vikings ne condamnent pas les événements destructeurs, mais les considèrent comme nécessaires, dans ce cas pour un renouveau TOTAL. La création et la destruction sont des compléments et des extrêmes, opposés, mais indissociables, où il est possible d'atteindre l'un sans rencontrer l'autre.

Le mot "Ragnarök" signifie littéralement le destin des dieux, ce qui indique que ces entités seront également éliminées du cosmos.

Comment la fin du monde se produit-elle ?

Selon la mythologie Viking, le Ragnarök se produit d'une manière très précise. Tout d'abord, les Nornes, les tisseuses du destin, décident du moment où la fin doit commencer, avec des prédictions de signes particuliers et d'événements qui vont s'enchaîner.

Le premier signe du début de la fin du cosmos est la mort de Balder, dieu du Soleil, par les manœuvres de l'impitoyable Loki. À ce moment-là, Odin et les autres dieux rassemblent les guerriers les plus habiles pour la bataille finale contre les géants.

Puis, un grand hiver survient, que les Vikings appellent Fimbulvetr. Le plus froid, le plus long, comme le monde n'en a jamais vu, qui dure trois ans. Après le dernier été normal, les feuilles prennent les couleurs lors de l'automne et tombent toutes en un temps très court. L'hiver est là, plus rude que jamais, sans aucun soleil et les gens se préparent à cet hiver, alors que le mot Fimbulvetr signifie "formidable hiver"

Des vents épouvantables soufflent de la neige dans toutes les directions, tandis que le soleil s'éteint. La terre devient une étendue de glace et de brouillard et cette terrible condition météorologique dure l'équivalent de trois ans, sans cesser et sans été, ni printemps en période intermédiaire. L'humanité ne peut plus profiter de la lumière du soleil et l'agriculture s'en trouve anéantie, laissant le monde, y compris les animaux, sans nour-riture. Les habitants se réfugient dans des cabanes et des fermes, ou dans les bois, y restent en espérant que l'hiver passe, mais cela n'arrivera pas.

Tiraillés par la faim et emplis de désespoir, les humains se déclarent la guerre et toutes les lois sont abrogées, ne laissant plus que la lutte permanente pour la survie. Ils mangent toutes les bêtes qu'ils élèvent, et se trouvent bientôt sans aucune forme de subsistance. Des guerres encore plus violentes éclatent, sans plus aucune limite à la violence. Ils oublient leurs traditions, ignorent les liens de parenté, les fils tuent les pères et vice versa, les frères commettent des meurtres contre les membres de leur propre famille. Le Chaos entrera dans Midgard et un incroyable bain de sang se produira.

Comme nous l'avons dit au début, le Soleil et la Lune sont poursuivis par deux loups, Skoll et Hati, qui n'ont jamais pu, jusqu'à présent,

attraper les chars de l'astre et du satellite de la Terre. Le but de leur existence est de dévorer les deux entités, même s'ils ne les atteignent pas, cela permet la succession des cycles des nuits et des jours, en répétition. Seulement, voilà... Lorsque le Ragnarök arrive, Skoll et

Hati finissent par capturer leurs proies, ce qui entraîne la fin des temps, sans Lune et sans Soleil, et l'envahissement de tout par les ténèbres.

Les étoiles disparaissent également, laissant un ciel sombre, voire complètement noir. Yggdrasil, l'Arbre Monde en tremble, la végétation meurt, les montagnes s'écroulent, le sol glisse et entraîne ainsi la chute du cosmos tout entier.

Rappelons-nous que la Völva, la prophétesse, interrogée par Odin, lui avait parfaitement décrit ce qui allait se passer, y compris un autre des signes qui annoncent le Ragnarök.

Le premier coq est dans le bois dans Jötunheimr, il s'appelle Fjalar. Le second coq à donner l'alerte, qui en fait l'information de l'imminence du Ragnarök, est Gullinkambi, qui lui, se trouve chez les Ases.

Le troisième se trouve à Helheim, nous ne connaissons pas son nom, nous savons simplement que c'est "le coq rouge".

Avec cette répartition, tous les Mondes sont prévenus.

Odin remarque ce signal, il comprend et prépare tous les êtres de Asgard.

C'est à ce moment-là que Fenrir se libère de ses chaînes puis essaye déjà de dévorer Odin. Le feu s'échappant de ses yeux et de ses narines, il parcourt la terre avec ses mâchoires puissantes qui détruisent le ciel et la terre. Avec sa gueule si grande ouverte, il avale tout ce qu'il rencontre.

Jörmungandr, le puissant serpent qui habite au fond de l'océan et entoure la terre, sort des profondeurs et crée des inondations qui tuent une très grande partie des êtres vivants. La terre est donc inondée et une armée de géants, avec Loki à la tête, vogue, utilisant

le navire nommé Naglfar, construit à partir des ongles des mains et des pieds des hommes et des femmes morts.

Hel offre les âmes de ceux qui sont morts dans des conditions effroyables à Loki, qui de son côté, organise une armée plus grande encore, prête à se venger des dieux d'Asgard. Les combattants rassemblés ont soif d'honneur, ce qu'ils n'ont pas réussi à obtenir dans leur première vie.

Níðhǫggr, Nidhoggr, le redoutable dragon qui se cache dans les racines d' Yggdrasil et dont le nom signifie littéralement "celui qui frappe avec haine", crée un tunnel dans le sol par lequel l'armée des morts peut marcher et avancer vers Midgard. Le groupe de cadavres est accompagné de Surtr, le géant de feu qui détruit tout sur son passage.

De cette façon, cette armée apporte la mort et la destruction partout, si ce n'était déjà fait. Jörmungandr crache son poison sur le monde entier, empoisonnant la terre, l'eau et l'air et intoxiquant toute végétation et tout être vivant.

Même le ciel est détruit, ainsi que le Bifröst, l'arc-en-ciel immense, que les géants réussissent à traverser pour atteindre Asgard. Heimdall, le dieu gardant le pont arc-en-ciel, n'a plus aucun doute sur le début du Ragnarök, c'est... maintenant !

Il fait sonner le Gjallarhorn, sa corne, pour annoncer l'arrivée des géants, qui normalement ont interdiction de passer. Tout le monde est effrayé, car la fin d'Asgard se fait de plus en plus proche. Les dieux descendent dans la plaine de Vigrid, pour livrer bataille.

Loki prend la tête des forces du chaos assoiffées de vengeance et prêtes à détruire tout le monde de glace. Les dieux sachant que ce jour doit arriver tôt ou tard, se sont préparés pour les affrontements. Les portes du Valhalla s'ouvrent pour permettre aux Einherjar d'entrer sur le champ de bataille. L'armée d'Odin ne sera composée que de vaillants guerriers, hautement entraînés et en grand nombre.

Alors, les forces du chaos tentent de détruire les murs d'Asgard. Dans leur tentative de pénétrer dans ce Monde, les géants détruisent le Bifröst et se dirigent vers la plaine Vigrid. Sur Vigrid se trouvent désormais Jömundgand, Fenrir, Loki, tous les morts de Hel, et tous les géants du givre. Il est dit que le champ de bataille s'étend "dans toutes les directions, et sur cent lieues".

Les guerriers d'Odin descendent sur ce champ de bataille pour affronter avec honneur les forces du chaos et mettre fin à cet affrontement pour le moins spectaculaire. Le dieu tout puissant lui- même, chevauche son destrier à huit pattes, Sleipnir, et mène l'attaque. De l'autre côté, Loki, également déterminé à gagner la guerre, mène la multitude de morts-vivants dans un innommable massacre.

Les combats

Ici, plusieurs combats ont lieu.

Odin combat Fenrir, il se dirige vers le loup géant pour tenter de le vaincre, mais celui-ci ouvre ses mâchoires et l'avale aussitôt. Le loup l'emporte encore plus, engloutissant tous les Einherjars. Le dieu suprême, Odin, périt ainsi, selon la Völuspa et ce qui est prédit, n'ayant pas le choix, son destin déjà scellé depuis longtemps.

Fenrir provoque ensuite l'armée entière d'Odin, répétant que personne ne peut vaincre ses incroyables pouvoirs.

L'un des fils d'Odin, Vidar, décide de venger son père grâce à sa chaussure magique, créée à partir de morceaux de cuir magiques. Avec ceci, il ouvre la bouche de Fenrir, la maintient grande ouverte, et lui enfonce son épée dans la gorge. Sa force et la puissance de son attaque sont si grandes qu'il en tue le loup, l'empêchant d'être avalé lui-même.

Thor affronte le serpent maléfique Jörmungandr. La créature reptilienne libère tout son gaz toxique, et son venin, tuant un grand nombre de soldats venus de Valhalla. Thor parvient, dans un premier temps, à ne pas inhaler la substance toxique, mais sa fin approche de façon inexorable.

Jörmungandr tente plusieurs fois de dévorer le puissant fils d'Odin, mais en vain. À coups de marteau meurtriers, Thor parvient à frapper la tête de son ennemi, Jörmungandr, qui disparaît dans les profondeurs de la mer, non sans avoir copieusement aspergé Thor de son venin.

Freyr affronte Surt, sans aide auxiliaire. Il chevauche son sanglier sacré et fait preuve d'un grand courage, mais finit par périr devant la puissance brutale du géant de feu.

Face à un tel carnage, Loki ne peut que se sentir satisfait. Les dieux d'Asgard perdent leurs meilleurs combattants les uns après les autres, et bien que l'armée du chaos subisse des dommages également, aucun des forces en présence ne l'emporte.

La suite des affrontements légendaires est celui entre le loup Garm, un monstre des enfers, et le dieu Tyr. Puis celui entre Loki et Heimdall, le gardien du Bifröst, qui est le dernier dieu à mourir le jour du Ragnarök.

Loki et Heimdall se poignardent mutuellement. Heim-dall ne meurt pas sur le champ, mais peut rejoindre l'arc-en-ciel Bifröst, pour venir mourir juste à côté.

Tout ceci marque ainsi la fin des deux. Les combats se déroulent presque tous par paires et il n'y a pas de véritables gagnants, mais une annihilation mutuelle.

Les restes des Mondes sombreront dans la mer et il ne restera que le vide comme avant la création.

Le dernier dieu restant est Surt, le géant du feu, désor-mais seul et maître de la dévastation restante. Il met le feu à la terre et plonge les Neuf Mondes dans les flammes.

Au même instant, un tsunami gigantesque, venu de l'océan engloutit ce qui ne l'est pas déjà, le reste des Mondes, ainsi que les derniers

morts de l'armée du chaos. Surt, immergé lui-même, voit ses flammes s'éteindre.

Il ne reste plus rien.

Le monde retourne à l'état initial du Ginnungagap. Rag-narök propose aussi une autre signification. En plus d'être une prophétie, la légende est une inspiration permanente pour qui a à affronter des difficultés. Cela montre le courage, tout comme celui que les dieux montrent, lorsqu'ils affrontent leur destin. Le message à y trouver est peut-être, dans l'esprit d'un combattant et guerrier Viking, que la mort et le malheur ne doivent jamais paralyser, mais au contraire inciter à agir noblement, en faisant de bonnes actions, tout en laissant leur exemple aux générations futures.

- Oui, mais alors ? me direz-vous. Le Ragnarök n'est-il pas suivi d'un renouveau, normalement ?

- Mais si, voici donc arriver...

La théorie du nouveau monde

Selon certaines versions, le Ragnarök marque la fin totale du cosmos. Dans d'autres, cependant, il reste quelques entités éparses à partir desquelles de nouvelles générations renaissent et un nouveau monde est restauré.

Ce nouveau monde sort des eaux et se présente plus beau et plus luxuriant que le précédent.

Vidar, Vali, Baldur, Hodr et les fils de Thor, Modi et Magni survivent au Ragnarök et posent les bases de la reconstruction du nouveau monde. Ils s'unissent pour rétablir l'ordre et promulguer de nouvelles lois. Ils reprennent certaines traditions et discutent ensemble sur la meilleure méthode à implanter et à utiliser, afin de ne pas répéter le Ragnarök.

Lif et Lifthrasir, les deux êtres humains seuls survivants, dont les noms contiennent la racine "vie", sortiront du bois d'Hoddmimir, leur cachette, et peuplent la terre de nouveaux enfants. L'un des premiers éléments à renaître sera le Soleil, à partir duquel toute vie

reprendra. Les survivants se rendent à Idavoll, c'est le lieu où précédemment se trouvait Asgard et construisent de nouvelles maisons et des familles s'y implantent.

La version exposée plus haut, dans laquelle la renaissance n'a pas lieu, est la plus ancienne légende que nous connaissons. Selon les versions, les noms des deux survivants peuvent changer.

Tandis que la légende de la renaissance, et son mythe attaché, est probablement un événement prétendument rapporté de croyances Vikings, mais est peut-être né sous l'influence chrétienne, se rapprochant d'un concept de résurrection.

Qui sait... La suite du Ragnarök est née lors de la transformation, ou l'évolution, des croyances religieuses que subit le monde Viking, lors de sa christianisation, dans lequel les nouveaux dogmes chrétiens supplantent les anciens cultes païens, qui sont destinés à être abandonnés et oubliés.

Du mythe du Ragnarök émergent les prémisses d'une destruction finale, une ombre sombre de tragédie, de peur et d'indécision, qui plane sur le peuple Viking lui-même.

Chapitre 8

Légendes et mythes nordiques connus

Le marteau de Thor

Le marteau de Thor, objet de destruction, également connu sous le nom de Mjöllnir, est l'un des symboles les plus connus de la mythologie nordique. Selon la légende, cet incroyable et apparemment imbattable arme de guerre a été forgée par des nains.

L'origine de ce marteau est à trouver dans la légende de Loki, qui a coupé les cheveux de la belle Sif, aussi dorés que le blé. Lorsque Thor voit que son épouse n'a plus de cheveux, il comprend que c'est encore une idée farfelue de Loki. Thor, furieux, le menace et affirme que s'il ne rend pas ses cheveux à son épouse, il le tue.

Paradoxalement, s'il n'y a pas Loki et cette mésaventure de Sif, le marteau de Thor ne peut pas exister.

Loki rend donc visite aux nains, fils d'Ivaldi, qui, dit-on, peuvent réellement fabriquer n'importe quel type d'objet. Alors, pourquoi pas une chevelure ?

Cependant, Loki sait que les nains ne créent rien pour les autres sans une raison précise, et il les lance dans le désir de créer quelque chose au moyen d'une ruse... Une pure provocation !

Loki déclare au nain en présence, ainsi qu'à son frère, que tous deux ne sont pas en mesure de créer quelque chose de merveilleux pour les dieux car, selon l'avis des dieux, il y a des nains plus habiles qu'eux.

Réaction des deux nains, vous vous en doutez, leur fierté personnelle aidant, ils se mettent immédiatement au travail. Loki leur demande en conséquence de construire une longue chevelure d'or qui ne cesse de pousser ainsi que des cadeaux pour les dieux.

Les deux frères, Eitri et Brokk, commencent également à forger le célèbre marteau de Thor. Cependant, l'arme est parfaite et Loki sait qu'elle va rendre Thor imbattable. Et Loki ne le souhaite pas, il souhaite arrêter le processus de fabrication. Il se transforme donc en insecte, en taon ou en mouche, et pique douloureusement la paupière de Eitri. Le forgeron est un instant distrait, mais continue quand même à travailler. Le manche du marteau est un peu trop court, mais la masse est très élaborée, ressemblant à une tête d'homme avec un nez, une moustache, une bouche et, surtout, des yeux. Aussi... Le fait que ce marteau soit un peu trop court est dû à l'intervention de Loki, qui a tenté de distraire l'artisan nain afin de gagner le pari et de ne pas laisser Thor avec une arme aussi destructrice.

Toutefois, son intervention ne désavantage pas l'arme, qui devient un instrument de guerre vraiment incroyable. Elle ne peut être maniée que par Thor, qui peut frapper avec la puissance du tonnerre sur n'importe quelle cible et ne jamais la manquer. Pour ce faire, il lui suffit de lancer Mjöllnir sur la cible, le laisser frapper et d'attendre que le marteau revienne dans ses mains de lui-même.

Une autre particularité du marteau de Thor est qu'il rétrécit pour être rangé dans une ceinture spéciale.

Le marteau peut briser tout ce sur quoi il est lancé, et il possède également le pouvoir de ressusciter les morts. Dans certaines légendes, il est dit que lorsque Thor meurt, ses fils placent le marteau près du corps de leur père, qui ressuscite quelques instants plus tard. Le marteau de Thor peut ainsi représenter ce dualisme constant dans la mythologie Viking, entre destruction et renaissance.

Au fil des siècles, cependant, le marteau de Thor prend des significations nouvelles et intéressantes. Il est utilisé comme amulette pour conférer pouvoir et protection. En Islande, par exemple, il est courant de placer un marteau à l'intérieur des propriétés résidentielles pour éloigner les voleurs et les envahisseurs. De petits marteaux à porter autour du cou sont par ailleurs possible pour obtenir ce pouvoir ainsi que cette protection.

La punition de Loki

Loki est un dieu nordique qui montre le plus de malice et le plus de méchanceté. Un jour, las de ces attitudes devenues insupportables, les autres dieux nordiques décident de le punir pour ses crimes. En effet, Loki qui a coupé les cheveux d'or de Sif, la déesse du blé, dans son sommeil pour faire douter Thor de la fidélité de sa femme. Il a par ailleurs volé le collier de Freyja, Brísinga-men, forgé par les nains et que la déesse a obtenu en couchant avec chacun d'eux. Il kidnappe Idun avec ses pommes d'or de l'immortalité, entre autres...

La dernière malédiction avant son châtiment a lieu lors de la fête d'Aegir, le dieu de la mer. Les serviteurs font passer les grandes cornes d'hydromel autour de la table et les dieux boivent de plus en plus, non sans avoir offert quelque chose à Loki. Puis Loki frappe un des serviteurs, qui meurt en se cognant la tête sur une dalle de pierre. Le dieu est donc expulsé de la salle, laissé sous la pluie d'Asgard et dans le froid.

Loki tente de regagner la confiance des dieux, mais Odin lui annonce qu'il n'y a plus de place pour lui au panthéon. Loki, furieux, s'en prend à toutes les personnes présentes, provoquant la colère de Thor, qui finalement, lance, grâce à Mjöllnir, un grand coup de tonnerre sur le dieu malicieux, mais méchant Loki.

Effrayé et sans pitié, Loki erre seul sur la terre, à la recherche d'un endroit sûr où se cacher. Il va finalement dans le monde des géants et s'installe dans une vallée profonde, avec une rivière, le tout caché entre des montagnes. C'est là qu'il y construit sa maison.

Loki continue ses facéties, et les dieux essayent à plusieurs reprises de se venger, mais Loki a la capacité de se transformer en n'importe quel animal ou individu, il arrive toujours à s'échapper. Mais un jour, Thor trouve des filets dans la maison de Loki et réalise qu'il s'est peut-être transformé en poisson. Il va donc pêcher et trouve Loki transformé en saumon.

Au contact du dieu Thor, Loki reprend sa forme humaine, mais il est traîné dans une grotte voisine. Thor et deux autres dieux qui l'accompagnent utilisent trois gros rochers pour y placer Loki, lient le

dieu captif en utilisant les entrailles de l'un de ses propres enfants. Ils le punissent ainsi en le laissant là jusqu'au Ragnarök. Ensuite, comme les trois dieux estiment que la punition n'est pas suffisante, ils suspendent un serpent au-dessus de Loki, qui laisse tomber du venin sur son visage. Loki souffre effroyablement, et Sigyn, son épouse, vient l'aider. Elle recueille le poison dans une tasse puis le vide un peu plus loin.

Cependant, la sentence de Loki ne peut pas durer éternellement. Les tremblements de terre précédant le Ragnarök sont suffisants pour détruire tout ce qui ressemble à des chaînes et à des liens, Loki se trouve libéré, et se met en route pour rassembler et conduire sa redoutable armée pour la mener contre les dieux.

Le loup Fenrir

Les dieux Vikings ne sont pas immortels. Ils ont des ennemis redoutables comme Fenrir, le loup, fils de Loki, qui les tourmentent constamment. Le mythe de Fenrir trouve son origine, comme vous pouvez l'imaginer, dans la peur que les peuples nordiques éprouvent à l'égard des loups. Les loups peuvent, en meute, attaquer des personnes, mais aussi piller du cheptel. Bien que nécessaire à un équilibre écologique, ils sont craints par les peuples scandinaves.

Loki a une grande épouse, Angrboda. Les origines de Angrboda sont à trouver chez les géants, géante elle-même, elle offre à Loki de bien curieux enfants. Hel, la déesse gardienne des Enfers, le serpent Jömundgand, et le gigantesque loup Fenrir.

Odin comprend vite que les enfants "adorables" de Loki vont n'apporter que chaos dans les Neuf Mondes et demande aux dieux, notamment Thor et Tyr, de les amener à Asgard. Ils sont donc revenus devant Odin avec les trois créatures en question. Le dieu suprême

Odon, après quelques instants de contemplation, prend sa décision. Il envoie Hel dans le monde souterrain, pour le garder. Il lance le serpent dans l'océan, vous savez désormais ce qu'il est advenu...

Enfin, le loup Fenrir, qui est un très bel animal, est gardé à Asgard, pour tenter de l'apprivoiser. Cependant, il terrifie tout le monde et, de plus, Odin, ayant connaissance du futur, grâce aux dires de la prophétesse Völva, sait que c'est par Fenrir qu'il doit périr. Dans la volonté de vouloir infléchir ou modifier, le destin... Il est de ce fait grand temps d'agir !

Lors du conseil des dieux, tous arrivent à la conclusion que Fenrir doit être enchaîné. Thor est chargé de créer une chaîne solide, apparemment indestructible. Odin prépare un piège pour attirer Fenrir et le lier. Il met alors de la viande sur un arbre et propose au loup qu'il prouve sa force en échange de la viande, en brisant ses chaînes.

Confiant dans sa force, le loup accepte d'être attaché. Malheureusement, les dieux sous-estiment l'incroyable force de Fenrir. Le loup brise la chaîne nommée Lœding et s'enfuit.

Les dieux n'en restent pas là et décident de faire une seconde tentative, en fabriquant Dromi, une chaîne plus solide encore, que... Fenrir arrive aussitôt à briser !

Voyant la force du loup, les dieux décident de demander de l'aide à des spécialistes. Des nains. Un messager a été envoyé dans le Nidavellir, le Monde des Nains. Les petits êtres consultés proposent de créer une chaîne enchantée. À première vue, elle ne ressemble pas du tout à une chaîne, car elle n'est ni de fer, ni de bronze, ni d'un quelconque métal, mais de divers matériaux et ressemble à un ruban de tissu. Thor, pour la tester, essaye de la détruire, mais n'y arrive point. Le lien se nomme Gleipnir, et, selon une recette très précise, il est fait de racines de montagnes, de bruits de pas de chats. Il contient aussi des nefs d'ours, de la barbe de femme. Puis pour finir, de quelques crachats de chats, auxquels les nains ajoutent de l'haleine de poisson. Je vous ai livré ici la recette officielle.

La suite de l'histoire recoupe l'un des événements tragiques que j'ai narré auparavant. Mais poursuivons la légende...

Les dieux soumettent Fenrir à un autre test de force, lui montrant Gleipnir. Cependant, le loup comprend

qu'il s'agit encore d'une ruse. Mais en observant la déli-
catesse de la chaîne, Fenrir pense bien que quelque
chose de particulier, un sort spécial peut-être, se cache
derrière ce ruban. Il répond donc qu'il se laisse attacher,
à condition qu'un dieu place sa main droite entre ses
mâchoires.

Thor fait un geste pour se porter volontaire, mais Odin
l'arrête. Le plus puissant des dieux ne doit pas sacrifier
sa main ! Alors le courageux Tyr avance, Fenrir ouvre ses
énormes mâchoires et Tyr y place sa main.

Les dieux lient Fenrir tandis qu'il a la main de Tyr dans
sa gueule.

Comme prévu, Fenrir coupe, d'un coup de crocs, la main
de Tyr et l'a dévorée. Toutefois, pendant que cet acte
horrible a lieu, le loup est attaché à un rocher avec le
ruban. Mais plus le loup s'agite, plus le ruban montre
sa puissance indestructible, en se resserrant, et plus il
tente de mordre les dieux qui se trouvent autour de lui.
Finalement les Ases placent, en travers de sa gueule,
une épée l'obligeant à la laisser ouverte. Le loup ne
peut plus que rugir. Il bave énormément et sa salive,
s'écoulant sur le sol, va former deux fleuves. Les noms

de ces fleuves sont intéressants et incitent à la médita-
tion. Van, l'espoir. Et Vil, la volonté.

Fenrir reste ainsi attaché, jusqu'au jour où toutes les
chaînes se brisent. Y compris les siennes. Il s'agit du jour
de l'annonce de la bataille apocalyptique du Ragnarök.
Fenrir mangera Odin tout cru, et c'est Vidar qui abattra
finalement Fenrir avec une épée.

Odin et son œil manquant

Le mythe d'Odin et de son œil nous narre comment il
accède à la vraie sagesse, la sagesse suprême. Nous
savons que de son trône, le chef des dieux nordiques
peut voir tout ce qui se passe et que de plus, Völva
répond à ses questions lui permettant de connaître le
devenir des Mondes.

Selon la mythologie Vikings, Odin n'a qu'un seul œil, il a
sacrifié le second pour acquérir la sagesse et sauver le
monde. L'histoire de la perte de l'œil d'Odin commence
lors de la guerre entre les dieux, dont nous avons déjà
parlé dans un chapitre précédent.

L'explication donnée dans l'Edda de Snorri, dans
Gylfaginning, la première partie qui traite du sort de

l'œil d'Odin ne peut se faire, si nous ne connaissons pas en détail la légende de Mimir.

Le texte qui suit se recoupe maintenant avec la saga des Ynglingar, que nous avons évoquée dans le chapitre consacré à la guerre entre les dieux.

Pour rappel, très succinct, les dieux cessent leur combat en envoyant dans chaque camp adverse, et respective- ment...

Les Ases envoient Hœnir et Mimir chez les Vanes, qui, appréciant Hœnir décident d'en faire leur chef. Mais Mimir est le conseiller particulier de Hœnir.

Aussi, lorsque Mimir s'absente, Hœnir ne semble très à même de résoudre les problèmes, ne donnant plus de conseils, puisque, tout simplement, son conseiller de l'ombre lui manque. Les Vanes perdent confiance, se sentent trompés, finissent par tuer Mimir, et jettent sa tête qui retombe dans le monde des Ases. Voici plus en détail...

Mimir est un dieu Ase, le dieu de la Sagesse, et il pos- sède un immense savoir. Mais le savoir n'est rien s'il n'est pas accompagné d'intelligence et de maturité. De plus Mimir peut évoquer notre mot "mémoire" ainsi que le mot "mesure", celle qui peut être utilisée dans des aspects de communications, de relations, et de diplomatie. Plusieurs interprétations existent, quant à l'étymologie du mot, pour lequel de nombreux scientifiques ne paraissent toujours pas d'accord.

Mimir, le dieu Ase, a été auparavant, c'est-à-dire avant son envoi vers les Vanes, en otage, très proche d'Odin. Une fois que l'échange a eu lieu, et que les dieux Vanes ont découvert l'association intellectuelle entre Mimir et Hoenir, plusieurs dieux Vanes, dans le Vanheim, décapitent Mimir. Ce sont Freyja, Freyr et Njörd qui se chargent de cette terrible besogne. Le corps est abandonné quelque part dans le Vanheim, il est dit dans les légendes qu'il n'a jamais été retrouvé.

Cependant, l'histoire se poursuit, puisque la tête, jetés depuis le Vannheim, retombe dans Asgard. Odin, vers qui la tête retombe, reconnaît Mimir et veut lui rendre la vie. Odin fait alors usage de toutes ces connaissances en matière de soins, pour que la tête ne se décompose pas comme tout corps sans vie, puis applique ses connaissances, des sortilèges. Mimir revient à la vie.

Mimir est également capable de reprendre toute discussion et prodiguer ses conseils, sous formes de paroles et de vérités que lui seul connaît. Odin décide de garder Mimir avec lui en permanence. Mais cette situation ne dure qu'un temps, et Odin prend la décision d'offrir à Mimir, un lieu paisible, d'où il peut continuer à donner ses conseils.

Odin pense immédiatement à l'une des racines de Yggdrasil, dans le Jötunnheim, qui dispose d'une source, et que Mimir peut avantageusement habiter et surveiller. Cette source s'appelle Mimisbrunn, ce qui traduit, correspond à "la source de Mimir". L'eau de cette source, dont Mimir s'abreuve, lui permet de conserver toute sa sagesse et sa clairvoyance. Avantages dont peut disposer tout individu qui boit de cette eau.

Mimir, cependant, ne veut pas partager l'eau de source avec Odin, et même, apparemment, avec personne d'autre. Odin ne se décourage pas, insiste, et après plusieurs visites, Mimir finit par entendre Odin et accepter sa demande, toutefois à une condition. Mimir demande à Odin un sacrifice de sa personne, c'est-à-dire l'un des yeux d'Odin.

Odin accepte, sacrifie volontairement son œil et le jette dans la source Mimisbrunn, dont il peut finalement boire l'eau, de laquelle il gagne un savoir exceptionnel.

L'enlèvement d'Idun

Les dieux nordiques possèdent une "recette" de jeunesse éternelle. À l'exception d'Odin, les dieux nordiques sont généralement dépeints comme jeunes et beaux. Odin a probablement une si longue barbe blanche pour insister sur sa grande sagesse, dont la pilosité est le symbole.

Le secret de l'éternelle jeunesse des dieux est-il contenu dans les pommes d'or d'Idun ?

Idun, parfois orthographié Idunn, est une déesse Ases, épouse du dieu de la poésie Bragi. Elle est en outre, la déesse de la fertilité, mais également la déesse de la jeunesse.

La légende la plus connue concernant cette divinité est celle de son enlèvement par le géant Thiazi, narré dans Skáldskaparmál de l'Edda de Snorri.

L'histoire commence par le voyage d'Odin et de Loki, qui ont quitté Asgard pour voir ce qui se passait dans les autres Mondes. En chemin, ils s'arrêtent pour manger, mais leur repas est volé par un aigle, qui n'est autre que le géant Thiazi, le géant capable de changer de forme.

L'aigle Thiazi déclare qu'ils ne récupèrent leur viande que si la déesse Idun et ses pommes magiques lui sont livrées. Loki brandit une grande bûche vers le rapace, essayant de le repousser, mais Thiazi s'empare de Loki, et le fait prisonnier. Loki propose, pour obtenir sa libération, de livrer Idunn, avec ses pommes magiques.

Loki est bien conscient que le vol des pommes de l'éternelle jeunesse peuvent lui coûter cher. La possession de ces pommes

sont pour les dieux l'un des biens les plus précieux dont ils disposent.

De retour à Asgard, Loki essaie d'approfondir sa relation avec Idun. La déesse est douce et gentille et écoute volontiers les paroles de Loki. Pour tenir sa promesse donnée à Thiazi, Loki pense à une ruse, et informe Idunn qu'il a des pommes meilleures et plus efficaces que les siennes. De plus, il dit à Idun que le seul moyen de vérifier cette théorie est de se rendre à l'endroit où poussent les autres pommes et de les comparer avec les siennes, qu'elle doit emporter, bien sûr.

Idun rassemble quelques-unes de ses merveilleuses pommes dans une vasque d'or pur, aux poignées garnies de rubis. Loki et Idun se dirigent vers les portes de sortie d'Asgard. La déesse lève les yeux et voit une énorme ombre dans le ciel. C'est Thiazi, sous la forme d'un aigle, descendant en piqué, et, dans ses serres, emprisonne Idun et ses pommes, les emportant chez lui, à Thrymheim.

Entre-temps, les dieux s'aperçoivent qu'ils ont un problème, avec l'apparition de cheveux gris dans leur chevelure, et de rides sur leur peau. Pour d'autres, des rides sont apparues sur leur visage, et se sont tous sentis fatigués et endoloris. Les dieux ont alors compris que Idun avait disparu et qu'il fallait convoquer l'assemblée des dieux.

Immédiatement, toutes les divinités ont accusé Loki, le dieu le plus maléfique, d'avoir manigancé cette mauvaise surprise. Ils n'avaient pas tort. Loki semble, à leurs yeux, le seul à pouvoir reprendre les pommes, ramener Idun, et tenter de se faire pardonner.

Loki se transforme en faucon et s'envole vers le domaine de Thiazi. Il libère Idun, la prenant dans ses serres, ceci rendu possible en l'ayant transformée en noix, puis a volé en retour vers Asgard.

Lorsque Thiazi rentre chez lui, il est furieux de voir que Idun et ses pommes ont disparu. Il se transforme en aigle et part à la poursuite de Loki.

Les dieux attendent Loki et sont prêts à l'aider. Dès que Loki est sur le territoire d'Asgard, les dieux lancent des flèches enflammées sur Thiazi, qui y perd quelques plumes, car elles sont brûlées. Idun et ses pommes d'or retrouvent ainsi les dieux d'Asgard, qui peuvent à nouveau jouir de la jeunesse et de la beauté éternelles.

Le combat entre Thor et Hrungnir

Hrungnir est le plus puissant de tous les géants de glace, son nom signifie "bruyant" peut-être en raison de ses rugissements. Un autre interprétation possible de son nom est "grand et lourdaud". Son portrait ainsi tracé, il vit à Jötunheim.

L'histoire de la querelle entre cette créature et le dieu Thor suit un pari accepté par Odin, lancé par Hrungnir.

Ainsi, Odin traverse le Jötunheim, la demeure des géants, sur son destrier chamanique à huit pattes, le superbe cheval Sleipnir, et Hrungnir découvre les particularités de l'animal.

Sleipnir peut traverser l'air et l'eau comme aucun autre cheval des Neuf Mondes. Hrungnir, offensé par cette découverte, qu'il considère comme une provocation, a lancé l'idée d'une course contre Odin.

Le grand Hrungnir est convaincu que Gullfaxi, son propre destrier, peut tenir tête à celui d'Odin, et gagner la course. Le départ est donné, et les deux montures sont lancées dans la course, avec leurs cavaliers respectifs sur leur dos.

Tous deux chevauchent leur cheval à travers la boue et les ruisseaux, sur des montagnes rocheuses, sur des collines escarpées, dans les plaines les plus désolées et à travers les arbres de forêts denses. Course effrénée dans laquelle Odin a toujours une longueur ou une montagne d'avance. Les deux hommes finissent par atteindre Asgard, la maison des dieux. Odin lui propose l'hospitalité, et un banquet pour fêter tout cela.

Hrungnir a bu plus qu'il ne l'aurait dû. Il est en état d'ébriété, ce qui fait rire quelques dieux, mais l'hydromel ne réussit pas au géant, qui est rendu irritable par l'alcool. Hrungnir s'emporte et va même jusqu'à prétendre qu'il veut déménager le Valhalla !

Dans ses propos délirants, il dit pouvoir déplacer Valhalla vers Jötunheim, et ensuite, tuer tous les dieux. Et ce n'est pas tout. Il veut aussi boire toute la bière de tous les dieux Ases. Dans sa soif de vengeance, il épargne tout de même la belle Sif, et l'aussi belle Freyja, épouse de Ód. Hrungnir prétend pouvoir les emporter avec lui, pour les épouser, une fois arrivées à Jötunheim

Thor, jusque-là absent, rejoint le festin, comprend la situation et voit bien que Hrungnir est totalement... ivre. Thor étant l'époux de Sif, les projets de Hrungnir lui sont insupportables. Il lève son marteau et se prépare à tuer Hrungnir.

Le géant, dans un sursaut, aussi pour sauver sa peau, accuse Thor de lâcheté en voulant tuer un adversaire désarmé, c'est-à-dire lui, qui est là sans armes. Pour que Thor ne perde pas sa bonne réputation, il doit effectivement renoncer à ce combat, qui doit être préparé autrement.

Ainsi, le géant, décidé à se battre, donne à Thor une date précise, un rendez-vous de duel, pour lequel il sera sobre et prêt à se battre.

Thor vient accompagné de son serviteur Thialfi. Engageant le combat, il lance son marteau, Mjöllnir, qui heurte l'arme de pierre du Géant de glace ; celle-ci éclate en morceaux, dont certains se fichent dans le crâne de Thor. Néanmoins, Mjöllnir fracasse le crâne de Hrungnir, qui tombe à terre. Dans sa chute, il tombe sur Thor qui se retrouve immobilisé sous une des jambes de son adversaire. Sa force, même conjuguée à celle de Thialfi, ne suffit pas à le dégager.

Ils appellent alors Magni, le fils de Thor et de la géante Járnsaxa. L'enfant, âgé de trois ans, dégage facilement son père avant de

déclarer, que s'il avait affronté le géant en premier, il l'aurait abattu à mains nues. Fier de son fils, Thor lui offre son cheval Gullfaxi.

Le site de la bataille est un champ près de Jötunheim. Hrungnir, géant de glace, porte son arme favorite, une pierre. Thor, avec Thialfi son serviteur, arrive sur le champ de bataille. Sans attendre, il lance son marteau sur l'arme du géant. La pierre éclate en morceaux, blessant Thor de quelques éclats. Mjöllnir, le marteau de Thor frappe la tête de Hrungnir, vous vous souvenez que ce marteau est magique, et qu'il ne manque jamais sa cible.

Voici une partie assez distrayante de la mythologie Viking, c'est la suite de cette bataille. Hrungnir git sur le sol, car il s'est effondré sous le violent coup de Mjöllnir, mais si rapidement qu'il écrase Thor, qui se trouve coincé dessous. Thor, aidé de Thialfi, ne peut pourtant pas se dégager. Ils appellent en renfort, la géante Jarnsaxa et le propre fils de Thor, alors âgé de trois ans, prénommé Magni. Le garçon arrive à dégager son père sans trop d'efforts. En affirmant en plus, que si c'était lui qui avait dû affronter Hrungnir, il y serait parvenu sans problème, et... à mains nues.

En remerciement de sa libération, Thor offre à son fils Magni, Gullfaxi, le cheval de Hrungnir, dont Thor s'est emparé au passage.

La légende n'en est pas pour autant finie...

Des morceaux de la pierre de Hrungnir sont fichés dans le front de Thor, et seule la sorcière Gróa, appelée en urgence, peut, grâce à la magie, ôter tous les éclats. Mais... Thor est bavard, et alors qu'il se laisse soigner, raconte comment il a aidé Aurvandil à traverser la rivière Élivágar et a ainsi sauvé la vie de son mari en lui arrachant son orteil gelé.

Gróa écoute, et…. Le sort de Gróa échoue ! Les morceaux de pierre restent définitivement enfoncés dans la tête de Thor.

La mort de Baldr, Baldur, Balder

Baldr fait partie de la dynastie des Ases. Il est le fils d'Odin et de Frigg et est le plus aimé des dieux. La raison est facilement

compréhensible : il est le plus beau, mais aussi le plus gentil de tous les dieux du Panthéon nordique, lui le dieu de la lumière, de la beauté, de la jeunesse, de l'amour et du bonheur. Sa demeure se nomme Brei-dablik, dans Ásgard, bien sûr. Toutefois, il est dépeint parfois comme étant passif, voire naïf. Mais Baldr est capable de réjouir le cœur de tous ceux qui passent du temps avec lui. Le mythe qui décrit le mieux ses traits de caractère est celui de sa mort.

Grâce à l'Edda poétique et à l'Edda de Snorri Sturluson, nous savons pas mal de choses sur Baldr.

Il semble étrange à Baldr de faire des cauchemars sur sa propre mort. Le dieu raconte à Odin ce qu'il a perçu durant ses nuits et Odin ne perd pas de temps pour monter sur son destrier et descendre dans le Niflheim, pour consulter une voyante, ou mieux dit, l'âme d'une défunte, ancienne prophétesse. Cette femme révèle le sort de Baldr à Odin. Odin revenu, raconte la prophétie à Frigg, son épouse. Elle se met en route immédiate-ment pour faire jurer à toutes et à tous, y compris les éléments de la nature, de ne jamais s'attaquer à Baldr. Frigg pense ainsi pouvoir le mettre à l'abri de toute attaque et empêcher sa mort.

Loki, toujours prêt à manigancer quelque chose, au minimum inattendu, mais souvent méchant, voyant Frigg agir pour tenter de protéger son fils, se sent plein de ressentiment. Loki, dieu polymorphe, nous nous en rappelons ici, change de forme, et se change en femme pour plus facilement approchent Frigg.

Frigg affirme qu'elle a vraiment tout prévu pour rendre invulnérable son fils, mais a oublié le gui, pensant que cette plante trop frêle ne pouvait en aucun cas faire de mal.

Loki, redevenu Loki, saisit une branche gui, qu'il cisèle en bâton, le donne à Höd, le propre frère de Baldr, qui est aveugle en lui indiquant de lancer le gui, devenu flèche, dans la direction de Baldr, que Höd ne voit pas.

Baldr meurt sur le champ.

La mort de Baldr étant le premier signe de l'annonce du Ragnarök, le désarroi est immense parmi tous les Ases. Un autre frère de Baldr se propose de partir directement vers Hel, et, contre rançon, tenter de faire revenir Baldr, et à la vie, et dans le monde des Ases. Hermod utilise Sleipnir pour accomplir le voyage.

Cependant, la mort de Baldr étant son propre destin, le destin des Ases, ainsi que le destin entier de tous les Mondes, il est impossible de le ramener à la vie.

Les dieux organisent des funérailles somptueuses pour le gentil Baldr. Ils transforment le navire de Baldr, Hring-horni, en un bûcher, prêt à être lancé dans la mer. Mais quand le moment est venu de terminer la cérémonie, le bateau ne bouge pas, comme s'il "refusait" de partir en mer.

Nanna, l'épouse du malheureux Baldur, est saisie d'un tel chagrin qu'elle en meurt sur place et elle est placée sur le navire aux côtés de son mari.

Pour lancer le bateau à la mer, les dieux appellent une géante à leur secours, Hyrrokkin.

Hyrrokkin arrive en chevauchant un loup et en utilisant des serpents comme rênes, puis elle donne au vaisseau de Baldur une poussée si puissante que la terre en tremble. Le navire prend finalement la mer. Avant son départ et son embrasement, Odin dépose son anneau Draupnir sur le bûcher, ainsi que le propre cheval de Baldr.

Il est intéressant de rappeler que les sépultures de guerriers et guerrières Vikings recueillent non seulement le corps du défunt ou de la défunte, mais ses armes, ses bijoux, ainsi que son ou ses chevaux, pour lui permettre de rejoindre le Valhalla. Il ne paraît donc pas étonnant que les obsèques d'un dieu recueillent les mêmes attributs.

Pendant ce temps, Hermod voyage avec le cheval d'Odin, Sleipnir, durant neuf nuits jusqu'à ce qu'il atteigne la rivière Gjöll. Il y rencontre Modgud, qui signifie littéralement "bataille furieuse", la

géante qui garde le pont sur la rivière. Elle interroge le dieu sur son nom ainsi que son lignage, pour s'assurer que c'est bien un dieu, puis également sur la raison de sa présence. Ce dernier explique la mort de Baldr puis la géante lui permet de traverser le pont donnant accès à Hel.

Hermod y retrouve Baldr, assis à une place d'honneur. Non loin de là, Hel, la déesse. Hermod la supplie de libérer son frère, en essayant de la persuader, en lui parlant de l'amour que chacun ressent pour Baldr. Il souligne sa bonté d'âme, son rôle lumineux sur terre et sa gaieté. Hel, convaincue, répond qu'elle ramène volontiers Baldr à la vie, mais à une condition. Que tous les êtres vivants, les plantes et les choses, tout ce qui fait les Neuf Mondes, sans exception, pleure sincèrement sa mort.

Baldr donne des présents à emporter avec lui, Nanna, son épouse, qui ici aussi fait de même. Hermod retourne à Asgard, raconte sa visite et son entretien avec Hel. Les dieux envoient des messagers dans tous les

Mondes pour inviter les gens, les êtres et les choses, à pleurer la mort Baldr.

La seule à refuser de pleurer le défunt Baldr, est une géante nommée Thokk. De nombreux spécialistes interprètent l'aspect de cette légende, sous un angle particulier. Ils pensent que Thokk peut être Loki, qui, une fois de plus, s'est métamorphosé.

Loki est convaincu que le dieu Baldr doit embrasser son destin sans plus attendre, et le faire sortir de Hel bouleverse tout simplement les Neuf Mondes et les prophéties. Baldr reste donc pour toujours dans le monde de Hel.

Thor rencontre Jörmungandr

Nous avons déjà mentionné que l'ennemi principal de Thor est le fils de Loki, le serpent Jörmungandr. Nous savons que lors du Ragnarök, les deux s'entretuent et meurent l'un après l'autre.

Cependant, il y a d'autres moments où le dieu et la créature maléfique se rencontrent. L'un de ces moments est celui où Thor est sur un bateau pour rejoindre le géant Hymir. Voici en détails toute l'histoire.

Les dieux proposent d'organiser un somptueux banquet chez les sympathiques géants Ægir et Ran, gardiens de la mer. Les géants demandent aux dieux de livrer suffisamment d'hydromel, sinon ils ne peuvent accepter et les accueillir au banquet. Les divinités se sont en conséquence réunies pour trouver un alambic, qui permet de distiller, qui soit assez grand pour offrir suffisamment d'hydromel pour les géants.

Les dieux savent évidemment que le géant Hymir possède un alambic d'une taille particulièrement grande et décident donc que quelqu'un doit aller rendre visite à Hymir, pour qu'il prête son alambic. C'est Thor qui est chargé de la mission, car il est non seulement le plus fort et le plus courageux des dieux, mais aussi le plus habitué à... affronter des géants.

À l'arrivée du dieu dans le domicile de Hymir, ce dernier abat trois taureaux pour fournir à tous deux de la nourriture, pendant le séjour de Thor. Le géant est cependant choqué et consterné lorsque Thor mange, dès le premier repas, deux des taureaux et en une seule fois, pour apaiser sa faim légendaire. Pour cette raison, le géant en colère déclare qu'ils doivent aller pêcher le jour même, pour capturer la nourriture du lendemain, du poisson sans doute.

Avant de partir à la pêche, Hymir envoie Thor chercher des appâts à accrocher aux hameçons. Thor se rend dans un des pâturages d'Hymir et abat le plus gros des taureaux de ceux qui paissent tranquillement, avec l'intention d'utiliser la tête comme appât.

Hymir est, vous l'imaginez bien, plus irrité que jamais, mais il a espoir que la force de Thor soit utile pour la pêche.

Les deux hommes montent dans le bateau, Thor à l'arrière, avec la tête du taureau. Hymir rame jusqu'au lieu de pêche habituel et le géant attrape deux baleines. Thor, de plus en plus audacieux, demande à Hymir de changer de place et d'aller plus loin. Hymir est effrayé, à la simple idée de s'éloigner des rivages, et il donne la

raison de sa peur à Thor. Jörmungand, le gigantesque serpent se cache sous les vagues, s'ils voguent plus loin encore. Et... Hymir refuse de ramer.

Au bout d'un certain temps, Thor lâche ses rames et jette sa ligne à l'eau, après y avoir accroché la tête de taureau. Après un calme inquiétant, Thor sent toutefois une puissante traction. Thor tire sur la ligne pour voir qui a mordu à l'hameçon, et un grondement terrible se fait entendre, secoue le bateau et agite les vagues.

Le géant Hymir pâlit de terreur, mais Thor persiste et remonte encore plus sa ligne. Ses pieds sont plantés si fermement dans le fond du bateau que les planches cèdent et que le bateau commence à prendre l'eau.

Lorsque la tête du serpent, avec l'hameçon piqué dans sa gueule, dégouline de venin et sort de l'eau, Thor saisit son marteau. Hymir panique et, dans l'urgence de la situation, décide de couper la ligne. Le serpent libéré s'enfonce dans l'océan, blessé, mais bien vivant.

Thor, furieux d'avoir raté l'occasion d'éliminer son plus grand ennemi, jette Hymir par-dessus bord, qui rentre par ces propres moyens, alors que Thor revient sur terre, emportant les baleines, ramasse l'alambic au passage et retourne à Asgard.

Brynhilde et Sigurd, Siegfried

Brynhilde, également connue sous le nom de Brynhildr en vieux norrois, est une Valkyrie. Son nom apparaît principalement dans deux ouvrages qui détaillent ses exploits, dans le poème Völuspa ainsi que dans certains poèmes épiques, qui parlent des mêmes événements, et de cette "Demoiselle de Bouclier".

Il existe plusieurs différences entre ces deux œuvres, mais certains traits sont communs.

La tradition germanique se recoupe ici brillamment, contribuant à la complexité de la mythologie nordique, au point de trouver, y compris dans les écrits, certaines confusions, mais voici quelques éléments

complémentaires qui vont nous permettre de mieux appréhender cette mythologie.

Dans la tradition germanique continentale, Brynhilde est un personnage central du Nibelungenlied, une épopée médiévale signifiant "La Chanson des Nibelungen", où elle est une puissante reine de type amazone, rappelant étonnamment une Valkyrie. Dans les deux traditions, germaine et scandinave, Brynhilde contribue à la mort du héros Sigurd ou Siegfried, qui épouse le roi burgonde Gunther ou Gunnar. Dans les deux traditions, la cause immédiate du désir de Brynhilde de faire assassiner Sigurd est une querelle avec l'épouse du héros, Gudrun ou Kriemhild. Dans la tradition scandinave, petite différence, car Brunhild se suicide après la mort de Siegfried.

Revenons à la mythologie scandinave. L'Edda en prose de Snorri Sturluson est la plus ancienne attestation de la version scandinave de la vie de Brynhilde, datant d'environ 1200-1230.

Snorri raconte l'histoire de Brunhild dans plusieurs chapitres de la section du poème appelée Skáldska-parsmál. Sa présentation de l'histoire est très similaire à celle que l'on trouve dans la saga Völsunpa, de l'Edda poétique, évoquée ci-dessus, mais à la version quelque peu allégée. Siegfried est le fils du roi Sigmund qui meurt avant même la naissance de Siegfried. Selon la légende, Sigmundr trouve la mort au combat, notamment contre les fils de Hundingr, et contre Odin lui-même. Mais avant de mourir, il annonce à son épouse, Hjördís, qu'elle est enceinte d'un fils. Sigmundr confie son épée magique à Hjördís, qui rassemble, sur le champ de bataille, les morceaux brisés, par Odin, de l'épée nommée Gramr, pour les garder précieusement et pouvoir les offrir à Siegfried, devenu adulte.

Hjördís sait que l'arme a des pouvoirs magiques et la garde jusqu'à ce que Siegfried soit assez grand pour la manipuler. L'instrument de guerre doit faire de lui l'un des personnages les plus invincibles de toutes les sagas.

Il n'est pas rare que, à l'époque, dans le cas de la mort du père, le ou les enfants sont élevés par des autres. Sigurd est nourri et éduqué par Reginn, maître forgeron du roi, qui lui apprend les exercices physiques, le sport, la puissance, les armes et la lecture des runes, dans leur aspect divinatoire.

Siegfried s'entraîne dur, sacrifiant l'insouciance de son enfance.

Alors que Siegfried a bien grandi, et forci tout en muscles, Reginn lui dit qu'il est grand temps qu'il ait son propre cheval, et lui propose de rencontrer le roi Álfr, pour qu'il lui en offre un.

Siegfried se met en route, curieusement assisté par un vieil inconnu. Il apparaît que l'inconnu en question est Odin lui-même, qui s'est dissimulé sous un grand chapeau qui ne laisse apparaître que sa barbe et un long manteau. Arrivé chez Álfr, Siegfried se choisit uncheval, le superbe Grani qui est le meilleur des chevaux de Álfr. Et pour cause, Grani est l'un des descendants de Sleipnir, le cheval d'Odin qui possède huit pattes.

Revenu auprès de Reginn, Siegfried écoute les conseils suivants de son maître, qui lui suggère de se procurer l'or du dragon Fáfnir.

Siegfried ne comprend pas l'intérêt de cette démarche jusqu'à ce que Reginn lui raconte toute l'histoire.

Reginn est le fils de Hreidmarr et frère de Fáfnir et d'Ótr. Les dieux Odin, Loki et Hœnir, alors qu'ils se promènent le long d'une rivière, ils tuent Ótr, par inadvertance, car Ótr ce jour-là, à l'aspect d'une loutre, pour pêcher, car Ótr a la capacité de se métamorphoser.

Pour "se faire pardonner", avec une compensation, le meurtre de Ótr, Loki a volé l'or de Andvari, un nain, détenant quelques pouvoirs magiques. Aussi, Andvari voyant partir son trésor, lui jette un sort, le rendant maudit. Le trésor doit apporter la mort à chacun de ses futurs possesseurs. L'or est apporté à Hreidmarr.

Reginn et Fáfnir, son frère, tuent leur père, Hreidmarr pour "hériter" de l'or. Mais Fáfnir ne veut pas du tout partager avec son frère.

Aussi, pour mieux défendre son trésor, il décide de prendre la forme d'un dragon.

Reginn, dans sa forge, satisfait l'un des désirs de Siegfried, en lui forgeant une épée, l'une des meilleures qu'il soit. Pour être sûr que l'épée est de suffisamment bonne qualité, Siegfried la teste. La première se casse, la seconde aussi. Le moment est donc venu, pour Siegfried, de demander enfin à sa mère qu'elle veuille bien lui donner Garmr.

Reginn la répare et la forge à nouveau, Garmr est si puissante qu'elle permet à Siegfried de fendre l'enclume de Reginn en deux ! Armé de sa nouvelle compagne, Siegfried rend visite à son oncle, le frère de sa mère, dénommé Gripir, qui a le pouvoir de prédire l'avenir et de faire des prophéties. C'est ainsi que Siegfried connaît sa destinée, sa gloire et... sa fin.

Siegfried et Reginn se mettent en route en direction de la demeure de Fáfnir. Un piège est tendu, sous forme d'un trou dans le sol, dans lequel Fáfnir devrait tomber, alors qu'il se rend à la source pour boire. Siegfried s'y cache en attendant le passage du dragon, qui ne tarde pas. Du fond du trou, Siegfried blesse Fáfnir, avec qui il échange quelques mots, tout en goûtant le sang du dragon, avant que ce dernier agonise et meurt. Fáfnir, avant son dernier souffle, dit à Siegfried de se méfier de

Reginn, qui est prêt à le trahir, l'utilisant pour retrouver son or. Finalement Siegfried tue Reginn, à qui, de facto, est revenu l'or, puis mange le cœur de Fáfnir.

La suite de l'histoire est à trouver dans Sigrdrífumál, poème dans lequel Sigurd réveille la Valkyrie Sigrdrífa d'un sommeil magique, et celle-ci, séduite, lui apprend la sagesse puis la capacité d'interpréter les runes.

Selon la mythologie nordique, les Valkyries assistent Odin dans ses exploits ainsi que ses combats, ou bien servent dans le Valhalla. Leurs personnalités sont quelque peu bidimensionnelles, bien que la présente histoire suggère que ces créatures ont également des sentiments pour d'autres entités sur terre.

Sigurðarkviða hin skamma, le poème suivant, nous donne la suite de la vie de Siegfried. Lui, et Högni ainsi que Gunnar font serment de fraternité, et se rapprochant les uns les autres, ces deux frères présentent à Siegfried leur sœur nommée Gudrun.

Siegfried épouse Gudrun. L'entraide en famille est bien possible, puisque Siegfried aide Gunnar à conquérir le cœur de Brynhilde, qui va effectivement devenir son épouse. Cependant, entre Gunnar et Siegfried, Brynhild préfère de très loin le second.

Pour Brynhilde, il semble que ce soit presque une torture que d'être la femme de Gunnar et de voir chaque jour l'élu de son cœur Siegfried avec Gudrun. Donc, l'inévitable arrive.... Une querelle éclate entre les deux femmes, au cours de laquelle Brynhilde raconte à sa belle-sœur toute l'histoire de son mari actuel. Brynhilde ne s'arrête pas là dans sa profonde mélancolie d'amour, à telle point qu'elle finit par souhaiter la mort de Siegfried, plutôt que de "devoir" le voir vivre.

Dans le poème suivant, Brot af Sigurðarkviðu, nous apprenons que Högni et Gunnar complotent pour trouver le moyen de tuer Siegfried, projet peu aisé, en raison de leur serment qu'ils vont rompre. Mais c'est surtout que ce dernier est doté d'une jolie force et... d'une jolie épée. C'est finalement Guþormr, le troisième frère, qui tue traîtreusement Siegfried, dans son sommeil.

Avec la suite de cette saga, le poème Guðrúnarkviða nous apprend que Gudrun pleure sans fin la mort de son mari Siegfried, ne cesse de maudire ses frères pour l'assassinat qu'ils ont organisé, et maudit Brynhilde, aussi, bien sûr.

Entretemps, Brynhilde, qui avait initialement souhaité la mort de Siegfried, le regrette amèrement.

L'épilogue de cette terrible histoire est à comprendre à la lecture de Helreið Brynhildar. Brynhilde, en proie au chagrin, se rend sur le bûcher funéraire préparé pour Siegfried, où elle meurt brûlée, ainsi pour toujours avec l'amour de sa vie.

Il est dit que, arrivée dans l'au-delà, Brynhilde raconte toute son histoire à une géante.

Thor et Loki au pays des géants, ou, la légende de Utgar-da-Loki

La légende que nous allons découvrir maintenant offre un contenu extrêmement complexe, qui a généré des fleuves d'encre et des doutes, chez les historiens et les spécialistes de la mythologie nordique.

Nous ne savons pas exactement pourquoi il peut y avoir, en plus de la complexité "normale" de cette mythologie, une richesse, à s'y embrouiller je dois le dire, dans cette saga. Aussi pouvons-nous imaginer qu'il s'agit d'un amalgame de plusieurs sagas, ou peut-être des interprétations différentes de traducteurs, influencées par leurs propres convictions, avec une volonté affichée de

divertir, plus que d'enseigner, ou d'inciter à la médi-
tation, et ne me semble pas à considérer comme un
mythe.

Quoi qu'il en soit... Voici venu le temps de découvrir
ensemble.

En préalable, Utgarda-Loki, également appelé Ut-
gard-Loki ainsi que Utgardsloki, est le maître d'un
château dans le Jötunheim, le château de Utgarda. Utgarda-Loki, l'un des Jötnar qui occupent ce Monde, s'appelle par ailleurs Skrymir, en vieux norrois "vantard". Le
nom de Loki a été adjoint à Utgarda, probablement pour
que les scaldes qui racontent cette saga ne confondent
pas ce Loki là, avec le dieu Loki. Cependant, au fil de
l'histoire, vous allez vite comprendre que rien n'est vraiment si simple...

Alors que Thor et Loki voyagent ensemble, dans le char
de Thor tiré, comme habituellement, par deux chèvres,
il est parfois parlé de boucs, la nuit les rattrape. Ne
voulant bivouaquer, ils sont accueillis dans une ferme.
Les chèvres, ou boucs, sont magiques, bien sûr, et si les
animaux sont grillés pour fournir le dîner, ils ressusci-
tent pour reprendre le voyage dès le lendemain.

Ce soit là, pour remercier le fermier et sa famille de son hospitalité, Thor donne ses chèvres à cuisiner, sachant qu'il peut les ramener à la vie. Cependant, cette possibilité ne peut se produire qu'avec des conditions particulières à respecter. Après le repas, Thor étend les peaux des animaux sur le sol et demande à toutes les personnes en présence de placer les os sur les peaux après avoir mangé la viande.

Le fermier a deux enfants, une fille Roskva et un fils Thialfi. Malgré les instructions de Thor, Thialfi qui adore manger la moelle, casse un morceau d'os, mange la moelle et place les morceaux sur la peau.

Tout le monde va se coucher, passe la nuit, puis Thor se réveille. Il forme comme un grand sac avec les peaux, les os au milieu, agite son marteau magique Mjöllnir, et... Les chèvres reviennent à la vie.

Mais l'une des deux n'a pas l'air très en forme, puisque visiblement, elle boîte. Thor se met en colère, car il comprend assez rapidement ce qui a pu se passer. Furieux, il veut tuer tout le monde, mais quelques pourparlers et la proposition du fermier font que Thor repart avec Roskva et Thialfi, qui deviennent ses serviteurs. Thor, avec les enfants et Loki, se remettent tous en route. À pied, cette fois-ci, les chèvres laissées sur place.

Le petit groupe désire se rendre à Jötunheim, le Monde des géants. Ils traversent d'abord un océan, puis une forêt aux arbres, plantes et lianes si enchevêtrées, que leur progression est assez lente. Alors que la nuit tombe, ils arrivent dans ce qui leur semble être une immense salle. Ne trouvant personne, ils décident d'y passer la nuit.

Le réveil en sursaut de tous est dû à un grand tremblement de terre. Courant hors de la salle, ils y trouvent un géant endormi, qui ronfle beaucoup, au point d'en faire trembler toute la terre.

Thor, qui déteste les géants, serre son marteau, pourtant bien vaillant et solide, et frappe le géant endormi. Mais le géant se réveille ! Et il découvre avec amusement la présence des deux dieux et des enfants. Skrymir se présente, et se relevant, propose à Thor et ses compagnons de route de les accompagner.

Avant de partir, il ramasse son gant, qui est... la salle dans laquelle la petite troupe a dormi.

Tous se mettent en route, grimpant des collines et traversant des forêts, faisant chemin jusqu'à la nuit, qu'ils passent allongés sous un chêne. Thor a faim, il souhaite ouvrir le sac à provisions de Skrymir, mais il ne peut en défaire les nœuds. Thor s'énerve et frappe Skrymir sur le front. Le géant se réveille et demande ce qui s'est passé, pensant qu'une feuille d'arbre lui est tombée sur sa tête.

Plus tard dans la nuit, Thor ne peut pas dormir du tout, en raison du bruit que fait Skrymir, car il ronfle bruyamment. Thor frappe Skrymir avec Mjöllnir, mais le géant pense avoir reçu un gland sur la tête, ce qui le fait beaucoup rire.

Au lever du soleil, Thor, vraiment exaspéré du comportement du géant, décide de le tuer, pensant que Mjöllnir, cette fois-ci, va être utile, de façon définitive. Mais... Skrymir se réveille, pensant que des oiseaux sont au-dessus de lui, à agiter des branches sur sa tête.

L'histoire ne dit pas s'ils ont pris un petit déjeuner, mais tous se remettent en route.

Vers midi, les voyageurs arrivent à destination. La porte est verrouillée et il n'y a personne, mais Thor et les autres arrivent à passer entre les barreaux.

Ils avancent dans le château puis trouvent une salle emplie de personnes attablées, pour manger et boire. Le maître du château est là, il s'agit de Utgarda-Loki, un géant, qui se moque des nouveaux arrivants, car ils sont tout petits par rapport à lui.

C'est Loki qui répond et prétend que personne ne peut manger aussi vite que lui. Évidemment, Utgarda-Loki organise sur le champ un concours entre Loki, le dieu, et Logi, un invité qui se trouve là.

Un immense plat de viande est apporté, avec Loki d'un côté, et Logi de l'autre. Le concours consiste à manger le plus vite possible et le

premier qui arrive au milieu de l'immense plat sera déclaré vainqueur.

Certes, Loki mange toute la viande et arrive au milieu du plat, Logi, lui, a tout mangé, y compris les os, et... y compris le plat ! Logi, qui signifie "feu" est déclaré gagnant, Loki a perdu.

Thialfi, qui peut courir vraiment très vite, propose alors un autre concours, celui d'une course à pied. Le géant, d'accord, oppose ensuite Hugi à Thialfi. Hugi signifie "Pensée". Hugi passe la ligne d'arrivée tellement en avance qu'il fait demi-tour pour rejoindre Thialfi, puis reprend la course, trois fois de suite et arrive le premier, Thialfi loin derrière.

Thor prend la parole et propose un concours de boisson. Aussi le géant Utgarda-Loki demande que des serviteurs apportent une corne à boire, en expliquant à Thor que celui qui finit la corne en une fois est un grand buveur, celui qui peut en boire le contenu en deux fois, est un buveur moyen, Utgarda-Loki emploie le mot "passable". Et de conclure que personne chez lui n'est mauvais au point d'avoir besoin de plus de deux fois.

Thor porte la corne à sa bouche, mais à la première pause pour respirer, il reste encore beaucoup d'alcool, car le niveau n'a presque pas baissé. Deuxième prise, piètre résultat, la corne est toujours quasiment pleine. Thor prend une grande inspiration et boit une troisième fois sans plus s'arrêter, mais rien n'y fait, la corne se révèle toujours pleine !

Utgarda-Loki propose à Thor, normalement très très fort, d'essayer de soulever son chat du sol, mais Thor en est incapable, à peine une patte peut-être ?

Fou de rage, Thor veut une lutte. Alors Utgarda-Loki désigne une femme, Elli, ce qui veut dire "âge", mais ce combat avec cette femme très âgée, Thor le perd, sans rien pouvoir faire. Après cela, Utgarda-Loki, fatigué, met fin aux concours et tout le monde va dormir.

Le lendemain matin, après avoir fait sortir du château la petite troupe, Utgarda-Loki leur explique ce qui s'est passé. Le nœud du sac à provision était fait de fer forgé, les coups portés avec le marteau ont frappé la montagne et creusé trois vallées. L'adversaire de Loki était le feu. La pensée a battu Thialfi, car rien ne peut aller aussi vite. La corne était directement reliée à l'océan. Le chat était Jörmundgand, le serpent de Midgard. Et pour finir, Elli est la vieillesse personnifiée.

Utgarda-Loki dit adieu à sa façon...

"Maintenant, pour votre bien et pour le nôtre, partez, et ne revenez jamais."

Thor, furieux, veut tuer Utgarda-Loki et détruire le château en mille miettes. Mais lorsqu'il se retourne pour le faire, il ne voit ni château, ni géant, rien qu'une grande plaine totalement vide.

Le vol de Mjöllnir et le "mariage" de Thor

Thor est presque toujours représenté avec son marteau Mjöllnir, qui signifie "foudre ou éclair", son outil de guerre imbattable entre les mains. Il est tellement conscient des pouvoirs et de la magie du marteau qu'il dort avec l'arme à ses côtés. D'autres êtres dans les différents Mondes semblent bien conscients du pouvoir de Mjöllnir, aussi l'idée de la voler peut leur venir à l'esprit.

Une nuit, alors que Thor se repose, un géant passe à l'acte et vole Mjöllnir. Au petit matin, Thor découvre que son marteau a disparu. Sa colère, dit-on, est ressentie à des kilomètres à la ronde, car elle fait trembler la terre et la cime des arbres.

Dans un accès de rage, et soudainement très vulnérable, Thor essaye de trouver un moyen de récupérer son marteau. Connaissant l'esprit farceur de Loki, il le convoque et lui demande d'élaborer un plan pour récupérer Mjöllnir.

Loki part en investigation et comme il peut changer de forme, il se métamorphose en faucon. Pensant que le seul coupable puisse être un géant, il profite des vents pour aller directement à Jötunheim.

Arrivé dans le Monde des géants, il redevient Loki, sa forme normale et rencontre Thrym dit "le bruyant". Thrym avoue le vol, sans aucune intention de rendre le marteau. Sauf si... Freya devient son épouse.

Loki retourne à Asgard pour porter le message de Thrym. Freya n'est évidemment pas d'accord et les dieux se réunissent en grand conseil pour prendre une décision. Heimdall, le gardien de Bifröst, l'arc-en-ciel, propose une ruse intéressante, qui doit permettre de tromper Thrym, la voici...

Thor part dans le Jötunheim, déguisé en Freya. Sur place, il n'a plus qu'à chercher le marteau. Thor proteste, lui, si viril, ne veux pas du tout se déguiser en femme, car tout le monde se moquerait de lui. Loki argumente que le marteau entre les mains des géants, ils deviennent de facto les maîtres du monde. Thor, finalement, accepte. Une fois prêts, Thor et Loki prennent la route, utilisant le char de Thor, et... partent pour le Jötunheim, à toute vitesse et le voile de la "mariée" volant au vent.

Thrym les voient arriver et se réjouit d'avoir pu influencer les dieux, au point qu'ils reviennent si vite, avec sa rançon.

Un dîner est alors préparé, en l'honneur de la future mariée, mais Thor, qui a bon appétit, mange à lui tout seul un bœuf entier, ainsi que huit saumons et plein de gâteaux. Et puis, un peu d'hydromel en boisson, pour faire digérer tout cela.

C'est beaucoup, au point que Thrym commence à avoir des doutes. Loki, sentant le problème potentiel arriver, dit au géant que Freya, trop amoureuse, n'a rien mangé depuis une semaine. Et Thrym découvrant les yeux de la "mariée" s'effraye, ce à quoi Loki répond qu'elle n'a pas dormi non plus.

La coutume de bénir les mariages, à l'aide d'un marteau, existe aussi chez les géants. Thrym arrive alors avec le marteau qu'il avait tenu caché. Il revient près de "la mariée", lui pose le marteau sur les genoux. La "mariée" s'en empare et assène un coup monstrueux sur la tête du géant Thrym, qui meurt sur le coup.

Thor, toujours furieux, tue également tous les invités en présence, puis repart à Asgard avec Loki et... Mjöllnir !

Conclusion

Voici terminé ce voyage, étant allé de découvertes de cultes, en récits des anciennes civilisations scandinaves, Viking et de l'Europe du Nord.

J'espère que son contenu vous a intéressé et a stimulé votre curiosité. Peut-être avez-vous maintenant encore plus envie de découvrir les autres légendes des dieux et des héros de cette mythologie si riche et si extravagante, et j'en serais ravi !

Probablement avez-vous désormais envie de faire un voyage au Danemark, en Suède, en Islande, sur les terres sur lesquelles les Vikings ont vécu et fait vivre leurs sagas et leurs traditions, sans connaître l'incroyable influence qu'ils allaient avoir sur les siècles à venir.

Au long de ce livre, vous avez compris que la mythologie nordique est un ensemble de mythes qui constituent la "religion" traditionnelle préchrétienne des peuples scandinaves. Ces contes se caractérisent par des créatures originales et curieuses dont les traits rappellent fortement les traditions indo-européennes. Certaines constantes de la mythologie grecque sont également présentes, même si elles ne semblent pas très évidentes à trouver. La division du Panthéon en fonction de la mission des divinités, par exemple, se révèle semblable à celle de la mythologie grecque. De plus, selon la cosmogonie de chaque mythologie, le monde a d'abord vu naître des entités monstrueuses, ou bien est simplement né d'elles. Les points de contact sont bien plus nombreux et c'est un plaisir, doublé d'un grand intérêt, que de les découvrir un par un.

À l'époque des Vikings, les récits mythologiques, les sagas, étaient transmis oralement par des scaldes, ce qui signifie que nous ne savons pas exactement si les différentes histoires de héros, de dieux et de créatures sont totalement celles de l'époque. Il se peut que sous des plumes diverses de transcripteurs, elles aient évolué.

La mythologie nordique raconte, à sa façon, l'histoire de l'Europe du Nord et presque mieux que n'importe quel livre d'histoire. Les caractéristiques de la philosophie de ses peuples et de leurs comportements est à trouver dans ces mythes et légendes qui décrivent les coutumes et traditions de cette civilisation si fascinante.

Aujourd'hui encore, il existe dans les pays scandinaves de nombreux sites consacrés aux Vikings, à leurs incroyables navires et à leurs exploits. De multiples monuments nous rappellent la grandeur du peuple viking. Jelling, dans le Jutland, au Danemark, témoignage de toute une civilisation, est un site classé au patrimoine mondial de l'UNESCO.

Le Danemark montre de nombreux monuments vikings, également des navires, tel que Ladby à Funen, un vaisseau funéraire dans lequel un chef viking a été enterré avec ses précieux biens personnels et de combat. De nombreux tumulus en forme de navires vikings sont disséminés dans tout le pays. Les touristes aiment aussi se rendre à Roskilde, au musée Viking, où sont représentées les activités des Vikings. Nous y découvrons des personnages vêtus de costumes traditionnels, qui travaillent les métaux, tissent et élèvent des animaux.

Les touristes peuvent apprendre comment ces gens vivaient et, grâce aux visites guidées, il est également possible d'en savoir plus sur les réalisations de cette civilisation et sur la façon dont elle a conquis une grande partie de l'Europe.

Si nous considérons la culture populaire du XXe et du XXIe siècle, les films, les séries télévisées et autres jeux, dessins ou BD, la mythologie nordique exerce une grande influence sur l'imaginaire collectif et suscite l'intérêt de multiples auteurs, créateurs et cinéastes.

La civilisation viking, composée de guerriers, de pirates et d'artisans qualifiés, est aussi l'une des plus violentes de toute l'histoire. Tout le monde a en tête ces puissants guerriers, généralement blonds,

parés de plumes, de fourrures et de cornes, avec des armes faites de métal et de bois. Les œuvres que nous avons découvertes dans ce livre le prouvent, riche des exploits et des enseignements des divinités diverses, aux comportements si proches de ceux des humains.

Les Vikings sont à certains égards une civilisation moderne, notamment lorsqu'il s'agit de considérer les femmes comme les égales des hommes. Malgré leur barbarie ainsi que leur image de soldats violents, les Vikings ont apporté un grand héritage spirituel et culturel à toute l'Europe du Nord. Nous est-il permis de penser que, sans les invasions des Vikings, les régions du nord de l'Europe seraient très différentes de ce que nous connaissons aujourd'hui ?

Comme dans d'autres légendes, y compris celles de la religion chrétienne, celles des Vikings proposent une fin du monde coïncidant avec un équilibre des forces menant à une fin totale, avec un monde anéanti, mais prêt à être rebâti sur de nouvelles bases.

En résumé, la mythologie nordique offre un panorama unique et un regard privilégié sur un peuple plein de ressources, avec des histoires de guerre, de courage et de passions. L'important est de ne jamais s'arrêter aux apparences lorsque nous voulons mieux connaître un peuple, se rapprocher de sa mythologie est un moyen formidable.